Recrutamento e seleção com foco na transformação digital

O GEN | Grupo Editorial Nacional – maior plataforma editorial brasileira no segmento científico, técnico e profissional – publica conteúdos nas áreas de ciências sociais aplicadas, exatas, humanas, jurídicas e da saúde, além de prover serviços direcionados à educação continuada e à preparação para concursos.

As editoras que integram o GEN, das mais respeitadas no mercado editorial, construíram catálogos inigualáveis, com obras decisivas para a formação acadêmica e o aperfeiçoamento de várias gerações de profissionais e estudantes, tendo se tornado sinônimo de qualidade e seriedade.

A missão do GEN e dos núcleos de conteúdo que o compõem é prover a melhor informação científica e distribuí-la de maneira flexível e conveniente, a preços justos, gerando benefícios e servindo a autores, docentes, livreiros, funcionários, colaboradores e acionistas.

Nosso comportamento ético incondicional e nossa responsabilidade social e ambiental são reforçados pela natureza educacional de nossa atividade e dão sustentabilidade ao crescimento contínuo e à rentabilidade do grupo.

Márcia Regina Banov

Recrutamento e seleção com foco na transformação digital

5ª edição

- A autora deste livro e a editora empenharam seus melhores esforços para assegurar que as informações e os procedimentos apresentados no texto estejam em acordo com os padrões aceitos à época da publicação, e *todos os dados foram atualizados pela autora até a data de fechamento do livro.* Entretanto, tendo em conta a evolução das ciências, as atualizações legislativas, as mudanças regulamentares governamentais e o constante fluxo de novas informações sobre os temas que constam do livro, recomendamos enfaticamente que os leitores consultem sempre outras fontes fidedignas, de modo a se certificarem de que as informações contidas no texto estão corretas e de que não houve alterações nas recomendações ou na legislação regulamentadora.

- Data do fechamento do livro: 09/09/2020

- A autora e a editora se empenharam para citar adequadamente e dar o devido crédito a todos os detentores de direitos autorais de qualquer material utilizado neste livro, dispondo-se a possíveis acertos posteriores caso, inadvertida e involuntariamente, a identificação de algum deles tenha sido omitida.

- **Atendimento ao cliente:** (11) 5080-0751 | faleconosco@grupogen.com.br

- Direitos exclusivos para a língua portuguesa
  Copyright © 2020 by
  Editora Atlas Ltda.
  Uma editora integrante do GEN | Grupo Editorial Nacional
  Travessa do Ouvidor, 11
  Rio de Janeiro – RJ – 20040-040
  www.grupogen.com.br

- Reservados todos os direitos. É proibida a duplicação ou reprodução deste volume, no todo ou em parte, em quaisquer formas ou por quaisquer meios (eletrônico, mecânico, gravação, fotocópia, distribuição pela Internet ou outros), sem permissão, por escrito, da Editora Atlas Ltda.

- Capa: OFÁ Design
- Editoração eletrônica: IO Design

- Ficha catalográfica

CIP-BRASIL. CATALOGAÇÃO NA PUBLICAÇÃO
SINDICATO NACIONAL DOS EDITORES DE LIVROS, RJ

B17r

Banov, Márcia Regina
Recrutamento e seleção com foco na transformação digital / Márcia Regina Banov. – 5. ed. – São Paulo : Atlas, 2020.

Inclui bibliografia e índice
ISBN 978-85-97-02428-9

1. Administração de pessoal. 2. Administração de pessoal - Recursos de rede de computadores. 3. Recursos humanos. 4. Recursos humanos - Recursos de rede de computadores. 5. Internet. I. Título.

20-65872 CDD: 658.3
CDU: 005.95/.96

Leandra Felix da Cruz Candido - Bibliotecária - CRB-7/6135

Ao meu marido Ruben e aos meus filhos:
Gabriel, Thiago e Beatriz.

Aos meus alunos, principal motivação do meu trabalho.

Sobre a Autora

MÁRCIA REGINA BANOV é profissional de recursos humanos e consultora. Palestrante em congressos, fóruns, empresas e outros eventos. Professora universitária (graduação e pós-graduação), autora de livros e artigos relacionados com Gestão de Pessoas. Graduada em Psicologia, especialista em Educação e Mestre em Psicologia Social e do Trabalho, possui 20 anos de experiência em várias empresas de diversos setores.

Agradecimentos

Aos meus pais, João e Balbina (*in memoriam*), pelo incentivo aos estudos.

Aos colegas que, direta e indiretamente, apoiaram este trabalho e, em especial, ao Rafael Daltro Graciani e ao Prof. Roberto Henrique de Sousa, por suas contribuições e revisões em suas áreas de conhecimento.

Prefácio

Exatamente há 10 anos, juntamente com a Editora Atlas, eu lançava o livro *Recrutamento, seleção e competências*. Durante esse espaço de tempo e em decorrência das mudanças que aconteceram, o livro contou com quatro edições, cada uma delas atualizadas de acordo com o contexto do momento.

Porém, as mudanças continuaram em uma velocidade sem precedentes, exigindo não apenas uma atualização, mas praticamente a reformulação de todo o livro e a atualização do seu título, que passou a ser *Recrutamento e seleção com foco na transformação digital*.

O livro tornou-se mais dinâmico e interativo, contendo mais exemplos e, principalmente, *links* de vídeos e reportagens que fazem parte do contexto e complementam o tema abordado, sendo necessária a interação com esses conteúdos para que o aprendizado se complete.

Mesmo com o crescimento do recrutamento e da seleção por plataformas digitais exclusivas para isso (*job boards*), que fazem uso da Inteligência Artificial e de outras tecnologias para apontarem os candidatos mais próximos do perfil desejado pela empresa, é condição *sine qua non* que os profissionais de recrutamento e seleção conheçam todo o processo e suas técnicas para que possam analisar os resultados obtidos pelas plataformas e decidir qual dos candidatos finalistas é o mais adequado ao cargo.

O livro também é de grande valia para aquelas pessoas que desejam conhecer os processos seletivos ou que vão passar por eles, além das lideranças que entrevistam e escolhem os membros de sua equipe.

Esta obra substitui e mantém as mesmas qualidade e atualidade conhecidas pelos leitores do livro *Recrutamento, seleção e competências*, agora mais focada nas exigências da Revolução 4.0.

Material Suplementar

Este livro conta com os seguintes materiais suplementares:

- *Slides* das gravações dos vídeos.
- Sugestões de atividades e exercícios.
- Respostas das sugestões de atividades e exercícios (para docentes cadastrados).
  - O acesso ao material suplementar é gratuito. Basta que o leitor se cadastre e faça seu *login* em nosso *site* (www.grupogen.com.br), clicando em GEN-IO, no *menu* superior do lado direito.
  - O acesso ao material suplementar *online* fica disponível até seis meses após a edição do livro ser retirada do mercado.
  - Caso haja alguma mudança no sistema ou dificuldade de acesso, entre em contato conosco (gendigital@grupogen.com.br).

GEN-IO (GEN | Informação Online) é o ambiente virtual de aprendizagem do GEN | Grupo Editorial Nacional

Recursos Didáticos

Os recursos didáticos complementam o conteúdo do livro e tornam as informações mais acessíveis, facilitando o aprendizado. Este livro conta com os seguintes recursos:

- Nas aberturas dos capítulos do livro, temos um vídeo da autora conceituando o conteúdo abordado. Para assisti-los, basta ter um aplicativo leitor de QRCode baixado no *smartphone* ou *tablet* e posicionar a câmera sobre o código. É possível acessar os vídeos também por meio da URL que aparece logo abaixo do código.

- O boxe **Contextualização**, no começo de cada capítulo, apresenta situações para introduzir o assunto que será abordado.

Contextualização

Após o seu casamento, Joyce começou a trabalhar na multinacional Indústria e Comércio de Materiais Elétricos Fio Novo S.A., no departamento de Recursos Humanos, no setor de recrutamento e seleção de pessoas (R&S). Depois de 15 anos de empresa e muitas tentativas de engravidar, ela teve um casal de gêmeos. Como a situação financeira do marido era estável, decidiu parar de trabalhar e cuidar dos filhos. Quando eles completaram 6 anos, resolveu voltar ao mercado de trabalho. Tinha se formado em Psicologia e fez, durante o período na Fio Novo, excelentes trabalhos na área de R&S.

Saiu em busca de uma colocação em uma empresa de grande porte, tal qual era a Fio Novo. Ficou surpresa quando lhe pediam que se inscrevesse na plataforma de recrutamento e seleção da empresa. Foi quando ela percebeu que o R&S, bem como o departamento de recursos humanos, haviam mudado de uma maneira inimaginável. Teria que se atualizar, principalmente com as tecnologias da área, caso contrário, não haveria mais mercado para ela.

Assim como Joyce, muitas pessoas perderão excelentes oportunidades por não conhecerem as tecnologias de suas áreas.

- O boxe **Exemplo** apresenta ao leitor situações relacionadas com o tema para melhor entendimento.

EXEMPLO

Marcela, recrutadora da empresa "Sempre Leve", usa o assistente virtual para oferecer informações e tirar dúvidas de profissionais que se candidatam às suas vagas, ajudando a evitar a perda de tempo com ligações telefônicas, e-mails ou mensagens pelo WhatsApp.

- O boxe **Saiba mais** contém informações extras e pertinentes ao tema em estudo.

SAIBA MAIS

Outro termo utilizado no recrutamento é atração de talentos. Originalmente, o termo é direcionado aos candidatos que realmente possuem notório talento e são eles quem escolhem a empresa em que desejam trabalhar, levando algumas empresas a reverem suas propostas para poder atraí-los.

- O boxe **Atenção** aponta para o leitor informações pertinentes ao que está sendo estudado.

ATENÇÃO!

Seja por currículos, portfólios ou outros meios similares, as pessoas são escolhidas pelos conhecimentos técnicos e experiências no cargo. No processo seletivo serão constatados tais conhecimentos e experiências, assim como a adaptação do candidato à cultura da empresa e ao seu perfil comportamental.

- O boxe **Links** sempre apresenta conteúdos extras, que podem ser acessados por meio dos QRCodes. Os conteúdos indicados são de responsabilidade da plataforma em que estão hospedados.

LINK

Assista ao vídeo da Bia, assistente virtual do Bradesco: "Dica da Bia, inteligência artificial do Bradesco: Ágora Investimentos".
Fonte: https://www.youtube.com/watch?v=cq0CilgTLOc.
Acesso em: 16 jan. 2020.

https://uqr.to/i5f0

Sumário

Parte 1 CONHECIMENTOS INDISPENSÁVEIS PARA O RECRUTAMENTO E A SELEÇÃO DE PESSOAS, 1

1 A Revolução 4.0 e seus reflexos no recrutamento e na seleção de pessoas, 2

1. A Revolução 4.0 e as tecnologias em recrutamento e seleção de pessoas, 3
    1.1 Plataformas digitais, 3
    1.2 *Big data*, 4
    1.3 *People analytics*, 5
    1.4 Inteligência Artificial (IA), 6
    1.5 *Machine learning*, 7
    1.6 *Deep learning*, 7
    1.7 Processamento da Linguagem Natural (PLN), 8
    1.8 *Chatbot*, 8

2 Fatores que antecedem o recrutamento e a seleção de pessoas, 10

1. Gestão de pessoas, 11
2. Cultura organizacional, 13
    2.1 Elementos essenciais da cultura organizacional, 13
        2.1.1 Filosofia da empresa, 13
        2.1.2 Ambiente físico e ambiente remoto, 14
        2.1.3 Papel dos líderes, 16
        2.1.4 Estrutura organizacional, 17
    2.2 *Fit* cultural do candidato, 19
3. Competências organizacionais, 19
    3.1 Missão, 20
    3.2 Visão, 20
    3.3 Valores, 20
4. Mercado de trabalho, 21
5. Trabalhadores do Conhecimento, 22
    5.1 *Mindset* e *mindset* digital, 23
6. O perfil profissional 4.0, 23

3 Do perfil do cargo às *hard* e *soft skills*, 25
1. Componentes do perfil do cargo, 26
2. Competências: teorias tradicionais, 31
    2.1 Abordagem CHA, com foco comportamental, 32
    2.2 Componente da entrega, 33
    2.3 Saber, saber fazer e saber ser, 33
    2.4 Consenso, 34
3. Mapeamento tradicional de competências, 35
4. As *skills*, 37
    4.1 *Hard skills*, 37
    4.2 *Soft skills*, 37

Parte 2 RECRUTAMENTO, 41

4 Recrutamento (ou captação) de pessoas, 42
1. Etapas do recrutamento, 43
2. Tipos de recrutamento, 46
    2.1 Recrutamento interno, 46
    2.2 Recrutamento externo, 47
    2.3 Recrutamento misto, 48
3. Técnicas de recrutamento externo, 48
    3.1 *Job boards*, 48
        3.1.1 Assessorias em R&S, 49
        3.1.2 Consultorias, 49
        3.1.3 Trabalhe conosco, 50
        3.1.4 Empresas especializadas em captar Jovem Aprendiz, 50
        3.1.5 Empresas especializadas em captar estagiários, 51
        3.1.6 Empresas especializadas em captar *trainees*, 52
        3.1.7 Redes sociais, 53
    3.2 Outras técnicas de divulgação de vagas, 54
        3.2.1 *Headhunters*, 54
        3.2.2 Programa "Portas Abertas" (ou Casa Aberta), 54
        3.2.3 Empresas do mesmo segmento, 55
        3.2.4 Feiras e eventos, 56
        3.2.5 Contato com sindicatos e associações de classe, 56
        3.2.6 Indicação de colaboradores ou *networking*, 56
        3.2.7 Placas colocadas na entrada da empresa, 57
        3.2.8 Serviços de alto-falantes, 57
4. Métricas do recrutamento, 58

Parte 3 SELEÇÃO, 61

5 Seleção, 62
  1. Técnicas de seleção, 63
     1.1 Análise de currículo (físico e on-line), 64
        1.1.1 Tipos de currículo, 65
        1.1.2 Como avaliar o currículo, 71
     1.2 Entrevista (presencial e on-line), 73
        1.2.1 Aspectos positivos da entrevista, 74
        1.2.2 Aspectos negativos da entrevista, 74
        1.2.3 Quantidade de entrevistas, 74
        1.2.4 Metodologia da entrevista, 74
        1.2.5 Detalhes a serem observados no candidato durante a entrevista, 75
        1.2.6 Modalidades da entrevista, 76
        1.2.7 Ambiente para a entrevista, 81
        1.2.8 Elegância do entrevistador, 81
     1.3 Aplicação de testes: presenciais e on-line, 82
        1.3.1 Testes de conhecimentos gerais, 82
        1.3.2 Testes de conhecimentos específicos, 82
        1.3.3 Prova prática, 83
        1.3.4 Testes psicológicos, 83
        1.3.5 Testes de integridade, 86
        1.3.6 Apresentação em PowerPoint, 88
     1.4 Dinâmicas de grupo, 88
        1.4.1 Como aplicar uma dinâmica de grupo, 89
        1.4.2 Da preparação à avaliação da dinâmica de grupo, 89
     1.5 Jogos empresariais (ou *gamification*), 92
        1.5.1 Características de um jogo, 93
        1.5.2 Tipos de jogadores, 94
        1.5.3 Meios de aplicar os jogos, 95
        1.5.4 Tipos de jogos, 96
        1.5.5 Inovação em jogos, 98
     1.6 Exame médico específico, 99
  2. Avaliação e escolha do candidato que ocupará o cargo, 100
     2.1 Comparação entre os candidatos, 100
     2.2 Elaboração do laudo, 101
  3. Seleção de pessoas com deficiência (PcD), 103

4. Seleção de trabalhadores remotos (ou teletrabalhadores), 104
5. Seleção de pessoas atrelada aos demais subsistemas de recursos humanos, 105
6. Métricas do recrutamento e da seleção de pessoas, 106
   6.1 Custos do recrutamento e da seleção, 106
   6.2 Tempo para contratar, 106
   6.3 Funil de contratação, 107
   6.4 Porcentagem de vagas fechadas fora do prazo, 107
   6.5 *Turnover* (rotatividade) de contratações recentes, 107

Parte 4 TEMAS IMPORTANTES RELACIONADOS AO RECRUTAMENTO E À SELEÇÃO DE PESSOAS, 109

6 Perfil do selecionador, 110
1. Principais *skills* do selecionador, 111
   1.1 *Hard skills*, 111
      1.1.1 Conhecimentos, 111
      1.1.2 Habilidades técnicas, 112
   1.2 *Soft skills*, 113
2. Papel do selecionador nos programas de *compliance*, 113
3. Armadilhas que envolvem o selecionador, 114

7 Onboarding, 117
1. O que é *onboarding*?, 118
2. *Onboarding* digital, 119
3. Programação do *onboarding*, 119
4. Manual do colaborador, 120
5. Benefícios do *onboarding*, 121
6. Gameficação no *onboarding*, 122

Referências, 125
Índice Alfabético, 127

PARTE 1

Conhecimentos indispensáveis para o recrutamento e a seleção de pessoas

CAPÍTULO 1

A Revolução 4.0 e seus reflexos no recrutamento e na seleção de pessoas

Assista ao vídeo da autora sobre este capítulo

https://uqr.to/i0ot

Objetivos do capítulo

- Abordar a Revolução 4.0 e as tecnologias que surgiram para otimizar o recrutamento e a seleção de pessoas.
- Entender o que são plataformas digitais, *big data*, *people analytics*, inteligência artificial, *machine learning*, *deep learning*, linguagem natural, *chatbot* e como essas tecnologias impactaram o recrutamento e a seleção de pessoas.

Contextualização

Após o seu casamento, Joyce começou a trabalhar na multinacional Indústria e Comércio de Materiais Elétricos Fio Novo S.A., no departamento de Recursos Humanos, no setor de recrutamento e seleção de pessoas (R&S). Depois de 15 anos de empresa e muitas tentativas de engravidar, ela teve um casal de gêmeos. Como a situação financeira do marido era estável, decidiu parar de trabalhar e cuidar dos filhos. Quando eles completaram 6 anos, resolveu voltar ao mercado de trabalho. Tinha se formado em Psicologia e fez, durante o período na Fio Novo, excelentes trabalhos na área de R&S.

Saiu em busca de uma colocação em uma empresa de grande porte, tal qual era a Fio Novo. Ficou surpresa quando lhe pediam que se inscrevesse na plataforma de recrutamento e seleção da empresa. Foi quando ela percebeu que o R&S, bem como o departamento de recursos humanos, haviam mudado de uma maneira inimaginável. Teria que se atualizar, principalmente com as tecnologias da área, caso contrário, não haveria mais mercado para ela.

Assim como Joyce, muitas pessoas perderão excelentes oportunidades por não conhecerem as tecnologias de suas áreas.

Este capítulo tem como objetivo abordar as tecnologias que surgiram com a Revolução 4.0 e como elas impactaram o recrutamento e a seleção de pessoas.

A seguir, você encontrará as principais tecnologias que revolucionaram o mundo e que chegaram ao recrutamento e na seleção de pessoas.

As tecnologias exploradas aqui também serão abordadas em outros capítulos.

1. A REVOLUÇÃO 4.0 E AS TECNOLOGIAS EM RECRUTAMENTO E SELEÇÃO DE PESSOAS

Pela primeira vez na história da humanidade, nos deparamos com uma revolução que provoca uma ruptura com os padrões, tecnologias e modelos de mercado e negócios, afetando diretamente a maneira de as pessoas se relacionarem, trabalharem e viverem, remodelando os contextos social, cultural e econômico. A área de recursos humanos está cada vez mais automatizada, e o recrutamento e seleção de pessoas fazem parte dela.

Têm sido comuns os termos: Internet das Coisas (IoT), impressão 3D, biotecnologia, computação quântica, robótica, tecnologias vestíveis (também conhecidas como *wearables*), tecnologias implantáveis, casas conectadas, *bitcoin* e muitos outros. São termos e temas fascinantes. Porém, neste capítulo, será abordada a transformação digital no recrutamento e na seleção de pessoas, e as tecnologias vindas da Revolução 4.0 que a permitiram, assim como os vários termos a ela relacionados que impactaram no R&S.

1.1 Plataformas digitais

São modelos de negócios que conectam interesses e pessoas (empresa e cliente, empresa e candidatos, entre outros), promovendo interações significativas e de valor neste ambiente para os envolvidos, por meio da tecnologia. Elas funcionam como facilitadoras de uma relação que já acontecia presencialmente, trazendo uma notória economia de tempo, eliminando intermediários, reduzindo custos, aumentando o número de pessoas que têm acesso às plataformas. Uma mesma plataforma pode ser usada por várias empresas, porém, se a empresa deseja ter a sua própria plataforma, os acessos das partes interessadas são privados a cada empresa. Um exemplo é o Ensino a Distância (EAD), em que várias instituições de ensino podem usar a mesma plataforma, mas cada uma delas tem seu próprio ambiente virtual. Uma mesma plataforma também pode ser usada por várias empresas para obter candidatos, como o LinkedIn. No cotidiano, diversas plataformas estão presentes: Uber, Facebook, Airbnb, Mercado Livre, Google, Amazon, entre outras.

LINKS

Assista aos vídeos:

Sobre a "Plataforma Gaia, da Consultoria Gupy".
Fonte: https://www.youtube.com/watch?v=h1mtM6YrUpk&-feature=youtu.be. Acesso em: 14 nov. 2019.

https://uqr.to/i0ow

Sobre "Tecnologia em recrutamento e seleção – Vagas.com.br e Falconi".
Fonte: https://www.youtube.com/watch?v=VRCjTQ-TxeI. Acesso em: 30 nov. 2019.

https://uqr.to/i0x6

E leia a reportagem:

"Top 6 ferramentas de recrutamento e seleção para seu RH".
Fonte: https://blog.b2bstack.com.br/top-6-ferramentas-para-recrutamento-e-selecao-para-seu-rh/. Acesso em: 30 nov. 2019.

https://uqr.to/i5ez

1.2 Big data

Refere-se ao armazenamento de grande quantidade de dados estruturados (informações em formato padronizado solicitadas pelos mecanismos de busca para que eles possam entender o conteúdo das páginas *web*) e não estruturados (recebidos de várias fontes, tais como Facebook, Instagram, Twitter, portais, WhatsApp, Google, entre outros) que são gerados a cada segundo. O *big data* possui cinco características, também conhecidas como os 5 Vs. São elas:

- **Volume:** grande quantidade de dados gerados a cada segundo.
- **Variedade:** tem acesso as mais variadas fontes, Facebook, Google, WhatsApp e outras que estão disponíveis na internet.

- **Veracidade:** no meio de tantas informações falsas, analisa dados para garantir que são verdadeiros.
- **Velocidade:** na avaliação da grande quantidade de dados que consegue captar.
- **Valor:** consegue distinguir as informações que são úteis para a empresa.

EXEMPLO

Maria mudou o seu *status* no Facebook de solteira para noiva. Ao entrar no seu Instagram, no seu *e-mail* e no próprio Facebook, se deparou com várias propagandas de enxovais, *buffet* para casamentos, locação de veículo para noivos, entre outros produtos e serviços para quem vai se casar.

Bárbara entrou em *sites* de empregos e passou a receber, em suas redes sociais, divulgações de vagas de plataformas de recrutamento.

1.3 People analytics

É a aplicação do *big data* na gestão de pessoas. É uma metodologia que coleta, organiza e analisa dados sobre o comportamento das pessoas, contribuindo para a tomada de decisão na empresa, seja na busca de uma pessoa adequada a determinado cargo ou para tomada de decisão estratégica dentro da própria empresa, coletando dados e informações do colaborador como registro, folha de pagamento, avaliações de desempenho etc., incluindo dados de redes sociais, Google e outros dados para cruzar, analisar e transformar em informações. Com inúmeros dados coletados e tratados, o *people analytics* possibilita a descrição do perfil desejado para determinada função. Estes dados são cruzados com os dados dos candidatos, possibilitando a indicação de candidatos potenciais com a descrição do perfil desejado pela empresa.

Além de selecionar pessoas de forma inteligente, o *people analytics* possibilita:

- Definir métricas e indicadores.
- Correlacionar métricas (medidas) com desempenho.
- Acompanhar a produtividade.
- Levantar o que motiva os colaboradores, entre outros.

EXEMPLO

Mirelly, ao estudar sobre as tecnologias de R&S, descobriu que poderia usar o *people analytics* para criar um perfil com detalhes de um profissional ideal para a sua empresa e conseguir candidatos direcionados ao perfil criado. Melhor ainda foi saber que o próprio *people analytics* rastreia e cruza dados de vários profissionais, de diversas fontes da internet, filtrando aqueles que se encaixam no perfil. Tudo em uma velocidade incrível, fazendo com que tivesse que despender menos tempo com a análise de currículo e mais tempo para outros afazeres do seu setor.

1.4 Inteligência Artificial (IA)

É a capacidade de dispositivos eletrônicos de processar, entender, raciocinar e interpretar dados que permitem desempenhar funções sem a interferência humana. A partir de algoritmos (sequência de instruções que orientam a Inteligência Artificial), é possível reunir informações por vários meios: textos, imagens, voz, sons, entre outros, e de várias fontes da internet, cruzando dados para a tomada de decisão.

ROUDRR, 4JXDJN, RA5IOO | iStockphoto

> Em *A segunda era das máquinas: trabalho, progresso e prosperidade em uma época de tecnologias brilhantes*, Brynjolfsson e McAfee afirmam que os computadores estão tão hábeis que é praticamente impossível prever suas novas utilidades em alguns poucos anos no futuro. A Inteligência Artificial (IA) está em nosso entorno, em carros que pilotam sozinhos, *drones*, assistentes virtuais e *softwares* de tradução. Isso está transformando nossas vidas. A IA fez progressos impressionantes impulsionada pelo aumento exponencial da capacidade de processamento e pela disponibilidade de grandes quantidades de dados, desde *softwares* usados para descobrir novos medicamentos até algoritmos que preveem nossos interesses culturais. Muitos desses algoritmos aprendem a partir das "migalhas" de dados que deixamos no mundo digital. Isso resulta em novos tipos de "aprendizagem automática" e detecção automatizada que possibilitam robôs "inteligentes" e computadores a se autoprogramar e encontrar as melhores soluções a partir de princípios iniciais (SCHWAB, 2016, p. 19).

Obviamente, a Inteligência Artificial, que está presente em nossas vidas, quer tenhamos consciência ou não, não poderia deixar de estar presente no R&S.

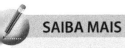

> **SAIBA MAIS**
>
> Na seleção de pessoas, a inteligência artificial permite a análise dos candidatos por meio de:
> - Leitura e análise de currículos.
> - Análise de dados de candidatos extraídos de várias fontes da internet.
> - Testes *on-line* de triagem.
> - Leitura da postura, comunicação e estrutura de pensamento a partir de um vídeo enviado pelo candidato.
> - Avaliação de jogos *on-line* utilizados na seleção.
> - Ressaltamos que, além da velocidade da análise, a margem de erro da seleção feita pela inteligência artificial é menor do que a feita pela pessoa (selecionador).

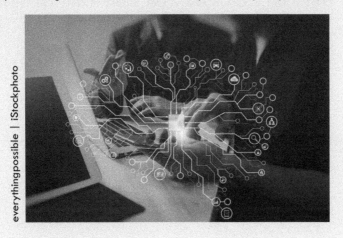

1.5 Machine learning

É uma subárea da inteligência artificial que ensina a máquina a aprender com a experiência por meio de métodos estatísticos.

As plataformas de recrutamento e seleção são frequentemente alimentadas por dados fornecidos pelos candidatos e pelas empresas. Por meio desses dados, e outras informações obtidas de várias fontes, o sistema aprenderá mais sobre a vaga e o candidato, tornando cada vez mais precisa a seleção de pessoas.

1.6 Deep learning

É outra subárea da inteligência artificial que se utiliza de redes neurais para aprendizagens profundas (*deep*), como, por exemplo, o reconhecimento da fala ou Processamento de Linguagem Natural (PLN).

1.7 Processamento da Linguagem Natural (PLN)

Linguagem natural é a linguagem utilizada pelas pessoas para se comunicarem no cotidiano. O PLN é outra subárea da Inteligência Artificial, que desenvolve as interações entre os computadores e as línguas (naturais) humanas.

Assistentes pessoais virtuais, como a Cortana da Microsoft, a Bia do Bradesco, a Alexa do Amazon, o Google Assistente do Google ou a Siri da Apple são exemplos de PLN.

LINK

Assista ao vídeo da Bia, assistente virtual do Bradesco: "Dica da Bia, inteligência artificial do Bradesco: Ágora Investimentos".

Fonte: https://www.youtube.com/watch?v=cq0CilgTLOc. Acesso em: 16 jan. 2020.

https://uqr.to/i5f0

1.8 Chatbot

É um *software* que permite as pessoas conversarem em linguagem natural com um robô (ou assistente virtual) como se fosse outra pessoa, e tem a função de resolver problemas.

EXEMPLO

Marcela, recrutadora da empresa "Sempre Leve", usa o assistente virtual para oferecer informações e tirar dúvidas de profissionais que se candidatam às suas vagas, ajudando a evitar a perda de tempo com ligações telefônicas, *e-mails* ou mensagens pelo WhatsApp.

Ao cadastrar o currículo em uma plataforma de empresa, assessoria ou consultoria, todas as tecnologias aqui discutidas vão atuar para buscar o maior número de informações dos candidatos e cruzá-las com o perfil desejado pela empresa, em uma velocidade incrível.

Quando a empresa opta por um processo seletivo todo *on-line*, o próprio sistema fará a seleção e enviará para o selecionador os candidatos que estão mais próximos do perfil desejado para a vaga.

RESUMO

Este capítulo abordou a Revolução 4.0 e as tecnologias que surgiram com ela para otimizar as empresas e seus setores, a vida das pessoas e o ponto de interesse do livro, a otimização do recrutamento e seleção de pessoas.

Explanou sobre as principais tecnologias (plataformas digitais, *big data*, *people analytics*, inteligência artificial, *machine learning*, *deep learning*, Processamento de Linguagem Natural e *chatbot*) e como elas impactaram o recrutamento e seleção de pessoas.

EXERCÍCIOS DE FIXAÇÃO

1. Você atua no recrutamento e na seleção de pessoas da empresa "Cosméticos Sempre à Frente" e pretende implantar uma plataforma de recrutamento e seleção. Para tanto, deverá fazer uma apresentação para o RH da empresa. Elabore a apresentação explicando as novas tecnologias e os benefícios que a "Sempre à Frente" terá com a implantação da plataforma.

2. Você perde muito tempo respondendo mensagens de WhatsApp e *e-mails* com dúvidas de candidatos. Sua empresa aprovou a aquisição de um *chatbot* (ou assistente virtual) para ajudar a responder as dúvidas dos candidatos. Você levantou as principais dúvidas dos candidatos e o que o assistente virtual deverá responder. Liste as dúvidas e as respostas.

3. Qual é a função do *people analytics* na seleção de pessoas?

4. Qual foi a grande mudança que o *deep learning* e o Processamento de Linguagem Natural (PLN) trouxeram para a seleção de pessoas?

CAPÍTULO 2

Fatores que antecedem o recrutamento e a seleção de pessoas

Assista ao vídeo da autora sobre este capítulo

https://uqr.to/i5f2

Objetivos do capítulo

- Posicionar o recrutamento e a seleção de pessoas como parte da gestão de pessoas e um subsistema de recursos humanos.
- Apontar importância da cultura e estrutura organizacional no processo seletivo, seja presencial ou digital.
- Definir as competências organizacionais e apontar a importância da relação entre elas e as competências dos candidatos para que as organizações atinjam os seus objetivos organizacionais.
- Mostrar a importância do mercado de trabalho no estabelecimento dos critérios de recrutamento e seleção.
- Definir *mindset* e *mindset digital* e apontar o perfil do profissional 4.0.

Contextualização

A empresa Sempre Segura solicitou à Flávia, recrutadora da Consultoria Boa Sorte, uma secretária executiva para a diretoria com fluência em inglês, conhecimentos em espanhol, com habilidades em sistemas integrados, agenda e planilhas eletrônicas, assistente virtual, processador de textos, pesquisa pela internet, *selfbook*,[1] bom português e redação própria.

No mesmo dia, a Agência de Propaganda e Marketing PYP, coincidentemente, solicitou à Flávia uma secretária executiva com exatamente as mesmas aptidões.

---
[1] Ferramenta digital que dispõe em um único lugar todos os processos e planejamento de uma viagem corporativa.

> Até aqui, em termos de habilidades técnicas, as duas empresas solicitaram o mesmo perfil. Mas Flávia, para fazer uma seleção adequada, precisa saber como são as empresas. Ao questionar a empresa Sempre Segura, a pessoa que lhe solicitou a vaga disse: "A nossa empresa é muito tradicional. A pessoa que precisamos deve ser calma, paciente e muito organizada. Não apreciamos pessoas agitadas e que falam alto". Em seguida, Flávia conversou com uma pessoa da PYP e, ao perguntar como era a empresa, ouviu a seguinte resposta: "A nossa empresa é uma loucura, tudo é acelerado. A pessoa que precisamos precisa ser dinâmica e esperta, falar ao telefone ao mesmo tempo em que despacha o *office-boy* e observa quem está entrando e saindo da diretoria. Há um detalhe importante, aqui a bagunça é generalizada, portanto precisamos de uma pessoa que saiba lidar com a desorganização".

O caso apresentado traz uma constatação: as pessoas são diferentes, mas as empresas também o são. As pessoas diferem quanto à sua personalidade e as empresas diferem quanto à sua cultura organizacional, daí a importância da cultura organizacional no processo seletivo.

Antecede o recrutamento e a seleção de pessoas a coleta de dados sobre a cultura organizacional, a missão, a visão e os valores da organização,[2] assim como a análise do mercado de trabalho, que direcionarão as políticas e práticas de recrutamento e de seleção de pessoas.

Este capítulo inicia-se com o posicionamento do recrutamento e da seleção de pessoas na gestão de pessoas, se estende aos dados que antecedem o processo seletivo e finaliza discorrendo sobre os trabalhadores do conhecimento e o novo perfil profissional.

1. GESTÃO DE PESSOAS

A expressão *gestão de pessoas* se refere, por um lado, às políticas e práticas de gerenciamento de pessoas, envolvendo temas como liderança, poder, conflitos, tomada de decisão e outros pertinentes ao gerenciamento. Por outro, diz respeito às políticas e práticas de recursos humanos, compreendendo-os como um sistema composto por vários subsistemas:

- Recrutamento e seleção de pessoas (R&S).
- Cargos e salários.
- Benefícios e serviços.
- Educação corporativa.
- Medicina e segurança no trabalho.
- Departamento de pessoal.
- Serviço social.
- Relações trabalhistas e sindicais.

---

[2] Alguns autores diferenciam os termos "organização" e "empresa". Para a maioria, o termo "organização" refere-se às entidades que podem ou não participar de atividades comerciais, enquanto o termo "empresa" está relacionado com uma entidade que já é constituída para fins comerciais. Independentemente de *status* ou outras diferenciações, tais termos serão usados neste livro como sinônimos, tendo em vista que o contexto do recrutamento e da seleção acontece indistintamente.

Figura 2.1 Subsistemas de recursos humanos

Subsistemas de recursos humanos
Recrutamento e Seleção / Cargos e Salários / Benefícios e Serviços / Educação Corporativa / Medicina e Segurança / Depto. de Pessoal / Serviço Social / Relações Trabalhistas

Portanto, o recrutamento e a seleção de pessoas fazem parte de um subsistema da área de recursos humanos, que está cada vez mais digital. O recrutamento busca por candidatos potenciais para participarem do processo de seleção, que escolherá aqueles que são compatíveis como cargo em aberto, a cultura e as competências organizacionais.

Algumas empresas ainda mantêm um departamento específico de recrutamento e seleção, e muitas de suas funções são utilizadas por gerentes de diversas áreas, como a parceria com o selecionador para a descrição do perfil do cargo, o mapeamento de competências, a entrevista com candidatos e a escolha de candidatos para o seu setor. Portanto, o conhecimento dos recursos utilizados pelo selecionador também deve ser de conhecimento de outras pessoas que ocupam cargos de liderança. Há, também, empresas que terceirizam ou trabalham com consultores internos para auxiliarem seus gestores a escolherem os novos membros da equipe.

A área de recursos humanos está cada vez mais descentralizada, assim como a atuação do recrutamento e da seleção. Se, no passado, todo o processo de R&S acontecia dentro de um subdepartamento, agora passa para os departamentos, setores ou equipes que precisam contratar novos colaboradores. É para lá que vão os consultores internos, aqueles que deixaram o seu subdepartamento e passaram a atuar diretamente com os gestores e sua equipe, auxiliando e preparando para a seleçãode seus novos membros. Os gestores assumem um papel mais ativo na seleção de pessoas, seja ela presencial, semipresencial ou digital.

LINK

Assista ao vídeo: "Cinco dicas para quem quer atuar como consultor interno de RH". Ao assisti-lo, foque no subsistema de recrutamento e seleção.
Fonte: https://www.youtube.com/watch?v=Ow8Yn4eedZc.
Acesso em: 30 nov. 2019.

https://uqr.to/i5f3

Em empresas de pequeno porte, a função de escolher um candidato geralmente é atribuída a um profissional do departamento de pessoal ou outro que exerce funções administrativas. Muitas empresas de pequeno porte têm optado ou por capacitar um colaborador para que ele, eventualmente, faça o recrutamento e a seleção de colaboradores[3] para a empresa, ou por contratar assessorias para fazê-los.

2. CULTURA ORGANIZACIONAL

O conhecimento da cultura de uma organização é indispensável para o sucesso de uma contratação profissional, seja ela para o trabalho presencial ou remoto, porque a cultura determina os comportamentos que o candidato deve ter para ser contratado pela organização.

> **ATENÇÃO!**
>
> Seja por currículos, portfólios ou outros meios similares, as pessoas são escolhidas pelos conhecimentos técnicos e experiências no cargo. No processo seletivo serão constatados tais conhecimentos e experiências, assim como a adaptação do candidato à cultura da empresa e ao seu perfil comportamental.

A cultura organizacional nasce, inicialmente, por meio de seus fundadores e, ao longo do tempo, será mantida ou alterada pelos administradores que os substituirão. Ela é produto daquilo que os seus dirigentes valorizam e acreditam que norteará suas regras, normas e procedimentos, criando uma maneira de ser (calmo, discreto, agitado etc.) e uma maneira de se fazer (organizada, desorganizada etc.) na organização.

2.1 Elementos essenciais da cultura organizacional

Os elementos da cultura organizacional mais importantes para compreender a organização e estabelecer os critérios de seleção estão descritos na sequência.

2.1.1 Filosofia da empresa

É a base de toda a cultura organizacional. É ela que vai definir, por meio de suas normas, regras e procedimentos, os valores, as representações e as crenças da

---

[3] É comum ou so indiscriminado dos termos: empregado, funcionário e colaborador. Segundo o art. 3º da Consolidação das Leis do Trabalho (CLT), "Considera-se empregado toda pessoa física que prestar serviços de natureza não eventual a empregador, sob a dependência deste e mediante salário". "Funcionário" refere-se à pessoa que tem seu contrato de trabalho regido por um Estatuto, como é o caso do funcionário público, e "Colaborador" é aquele que colabora, coopera e contribui. "Colaborador" é um termo que tem sido utilizado para referir-se aos empregados e/ou outros profissionais que prestam serviços contínuos dentro das empresas e, no que se refere aos empregados, o termo colaborador tem sido utilizado com o objetivo de mostrar um melhor relacionamento entre empresa e empregado, sendo utilizado em discursos, textos e tratamento. Optei, neste livro, pelo termo *colaborador* para se referir ao empregado.

organização que vão controlar o comportamento das pessoas que trabalham com ela, independentemente de o trabalho ser presencial ou remoto. Se os dirigentes acreditam que uma organização só funciona pelo autoritarismo, escolherão seus líderes com essa característica e selecionarão pessoas que se adaptam a este estilo. Se, ao contrário, acreditam que um sistema democrático traz melhores resultados, assim serão seus líderes e, portanto, serão selecionadas aquelas que se adaptam a esta característica.

EXEMPLO

João e Jorge são amigos desde a faculdade, se formaram em Contabilidade e ambos trabalham remotamente. João trabalha na empresa Contabilidade Eficaz. Recebe mensagens do seu gestor quando necessário ou elogiando um bom trabalho realizado. Tem autonomia para tomar decisões e desenvolver projetos. Recorre ao seu gestor somente quando tem dúvidas ou precisa de uma orientação. Gosta do seu trabalho e da empresa.

Jorge trabalha na empresa Contabilidade Certa. Constantemente, seu gestor envia mensagens para chamar atenção de detalhes irrelevantes. Não tem autonomia para desenvolver o seu trabalho. Cada etapa do seu trabalho, obrigatoriamente, tem que passar para o seu gestor, que autorizará ou não sua continuidade. Nunca recebeu um elogio sequer. Gosta da sua área, mas detesta a empresa em que trabalha. João e Jorge, embora trabalhem remotamente, são influenciados pela cultura de suas empresas.

2.1.2 Ambiente físico e ambiente remoto

Ambiente físico

Compreende a fachada, a distribuição de salas, o *layout*, a mobília, a tecnologia e os demais objetos presentes neste ambiente. O ambiente físico no trabalho presencial reforça o vínculo com a cultura organizacional.

EXEMPLO

Você e seus colegas da faculdade foram visitar os escritórios de uma grande indústria, previamente autorizados. Chegaram tão cedo que ainda não havia ninguém trabalhando, mas foram autorizados a conhecer as dependências físicas do escritório. Aproveitaram a oportunidade e caminharam por um corredor e entraram em uma grande sala. Na parte da frente, havia uma mesa ampla e uma confortável cadeira giratória, com braços e espaldar. Ao fundo, observaram uma estante cheia de livros e objetos de arte. Ao lado da estante, um frigobar e, em cima dele, bebidas de primeira linha. Em um dos lados da sala havia, centralizada, uma pequena mesa com revistas importadas, entre duas confortáveis e elegantes poltronas. Nas paredes, quadros de pintores famosos. A sala era acarpetada e com ar-condicionado. A mobília era refinada. A segunda sala que vocês visitaram tinha o mesmo tamanho que a anterior. Nela, havia três mesas (pouco menores que as da sala anterior); atrás de cada mesa uma cadeira, confortável, giratória, com braços, mas sem espaldar. Ao fundo, uma estante com alguns livros e objetos de arte, e apenas dois quadros pendurados. A sala era acarpetada e tinha ar-condicionado. Na terceira sala, do mesmo tamanho que as anteriores, havia dez mesas, cada uma com uma cadeira, confortável, giratória, mas sem braços; em cada mesa, um computador; ao fundo, um pequeno armário fechado e um arquivo, sem quadros ou objetos de arte. Também era acarpetada e tinha ar-condicionado. A quarta sala, do mesmo tamanho que as anteriores, vinte mesas, uma cadeira de madeira atrás de cada mesa, ao fundo, um armário semiaberto com folhas despencando e, ao lado, uma copiadora. O piso era de cimento queimado e contava com um ventilador. Não havia placa de identificação nas salas. E nem era necessário. Vocês sabiam muito bem de quem era cada sala e, mais ainda, sabiam como deveriam se comportar em relação aos ocupantes de cada uma delas. Basta a simples constatação de que uma mesma pessoa não entra da mesma maneira na primeira e na última sala. A delimitação do espaço que uma pessoa ocupa e os objetos que a cercam podem ser um indicador de quanto poder essa pessoa possui (adaptado de BANOV, 2004, p. 41-42).

O ambiente físico tem múltiplas funções na organização e é determinado pela cultura. Algumas de suas funções são:

- **Identificação da empresa:** as empresas procuram padronizar seu *layout* para facilitar não apenas a identificação pelo cliente, mas também como forma de identificação para o seu próprio colaborador.
- **Distribuição de *status*:** as pessoas, em seus ambientes de trabalho, são cercadas por símbolos que mostram como elas devem se comportar em relação a cada integrante da organização e indicam como cada integrante deve ser e portar-se nela. Fornecem informações sobre que atitudes o candidato deve ter, se contratado pela empresa (tamanho do espaço ocupado pela pessoa, objetos em seu espaço, tipo de mobília = símbolo de *status*; quanto mais símbolos de *status* cercam a pessoa dentro da organização, mais poder ela possui).
- **Propiciar ou bloquear as interações dentro da organização:** se a sala onde acontecem as entrevistas presenciais de seleção for planejada para tal finalidade, o candidato e o selecionador serão as únicas pessoas a ocupá-la durante a entrevista; a tendência do candidato de se sentir à vontade e relatar aspectos pessoais é maior do que se a entrevista ocorresse em uma sala com outras pessoas presentes.

SAIBA MAIS

O ambiente físico embute muito dos valores da organização: estilos de salas e móveis sugerem tipos de vestimentas, relacionamentos e outros componentes que devem ser levados em consideração para a escolha daqueles que trabalharão na organização.

> No ambiente virtual, ao analisar uma entrevista por Skype, o ambiente físico escolhido pelo candidato e os objetos nele presentes revelam muito sobre o candidato. O mesmo se aplica quando ele mesmo grava um vídeo solicitado pelo selecionador ou pela plataforma.

Ambiente remoto

No ambiente remoto, o ambiente físico é substituído por imagens e sons que lembram a organização toda vez que o colaborador entra no sistema da empresa. A estação de trabalho passa a ser móvel e flexível, representada pelos dispositivos eletrônicos usados pelo colaborador. A tecnologia adotada pela empresa também diz muito sobre ela, se é tradicional, inovadora etc. O conteúdo que o colaborador pode acessar aponta o *status* que possui, e as referências da cultura da empresa são reforçadas por sua filosofia, com suas regras e procedimentos, e pelo comportamento da liderança, que representa a cultura da empresa e orienta como o novo colaborador deverá se comportar.

2.1.3 Papel dos líderes

A cultura determina se os seus líderes serão democráticos, liberais, autoritários ou situacionais; em que deverão prestar atenção, o que avaliarão e controlarão (obediência, disciplina, produtividade, competência etc.) dentro da organização. Define os tipos de lideranças que deverão ser selecionados e, principalmente, os subordinados, se serão escolhidos candidatos submissos, proativos ou com outras características.

A cultura organizacional interfere em todos os processos de recursos humanos: determina os critérios de demissão, de avaliação de desempenho, a permanência do colaborador na organização, os sistemas de recompensas etc.

LINK

Leia a reportagem sobre os critérios de seleção na empresa OLX: "Por dentro da OLX: saiba como a empresa mantém a cultura de uma *startup*".
Fonte: https://startupi.com.br/2019/03/por-dentro-da-olx-saiba-como-a-empresa-mantem-a-cultura-de-uma-startup/.
Acesso em: 30 nov. 2019.

https://uqr.to/i5f4

Na seleção de pessoas, seja ela presencial ou digital, a cultura determinará os critérios usados para selecionar a pessoa adequada ao cargo e à empresa; quem estabelece os critérios de quem serve ou não para a organização é a própria cultura. Segnini (1992), ao descrever uma das maiores instituições financeiras do país, aponta que, durante o período de 1964 a 1985, uma instituição teve como critério de seleção ser o candidato oriundo de família de baixa renda, mas estruturada, não ter trabalhado em outra instituição financeira, ser jovem e de preferência ter uma crença religiosa ou ser proveniente de cidades do interior, perfil compatível com uma instituição autoritária. Trabalhadores de origem familiar de baixa renda tendem a temer a perda de emprego. As pessoas religiosas acreditam em um ser superior, o que favorece o respeito às normas e hierarquias, e a ausência de experiência anterior naquela área pode revelar a intenção de disciplinar e prevenir conflitos. Outra instituição financeira de grande porte tem critérios de seleção contrários a esses. Dá preferência a pessoas de classe média para cima, que tragam experiências de outras instituições financeiras, sejam críticas e questionadoras. O mesmo processo de seleção que aprova uma pessoa em uma organização poderá reprová-la em outra que possui uma cultura diferente.

2.1.4 Estrutura organizacional

Define como as atividades de uma organização são distribuídas, organizadas e comandadas. As estruturas mais comumente encontradas nas empresas brasileiras são:

Mecanicistas

São estruturas que possuem uma estrutura rígida e firmemente controlada. É caracterizada pela alta especialização do trabalho, pela extensa departamentalização (com vários departamentos), pelas cadeias de comando (quem se reporta a quem) e margens de controle (quantos liderados cada líder terá), pela alta formalização (cheia de regras e procedimentos), pela rede de informação limitada, pela pequena participação de membros do baixo escalão na tomada de decisões e pela comunicação do tipo descendente (de cima para baixo).

Orgânicas

São estruturas que se utilizam de equipes de trabalho, poucos níveis hierárquicos, possuem pouca formalização (poucas regras) e têm uma rede abrangente de informações. A comunicação é lateral, ascendente (de baixo para cima) e descendente (de cima para baixo). A tomada de decisões envolve todos os colaboradores.

Organizações sem fronteiras

São organizações com predominância das estruturas orgânicas, que fazem uso da tecnologia (o único elo que possibilita as organizações sem fronteiras são as tecnologias da informação em rede e a telefonia) que permite a contratação de profissionais de qualquer parte do mundo para trabalhar remotamente na empresa. Tentam abolir barreiras geograficamente estipuladas.

Estruturas em equipes

São formadas por colaboradores com diferentes funções, de diferentes departamentos que trabalham em conjunto, de acordo com determinado objetivo, que vai desde a resolução de problemas até a exploração de novas oportunidades para a organização.

EXEMPLO

A Casa Planejada Arquitetura e Construção tem um novo projeto para pessoas que optam por morar sozinhas. Para que este projeto esteja alinhado a sua missão, visão e valores, reunirá colaboradores dos departamentos de marketing, vendas, recursos humanos, finanças, engenharia e *designer* para desenvolver o novo projeto.

Poderá exigir horas mensais no projeto, deixando o restante do tempo para que seus membros trabalhem em seus respectivos departamentos ou setores.

Ao término de um projeto, os profissionais podem ser alocados em outro projeto com o mesmo grupo de profissionais ou outro grupo de profissionais diferentes do projeto anterior, ou até mesmo voltar aos seus setores.

Figura 2.2 Estruturas organizacionais

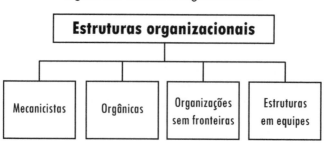

Os tipos de estrutura direciona mas práticas de recrutamento e seleção de pessoas. Uma estrutura mecanicista, em que a margem de comando é extensa, com alta formalização e redes de comunicação limitada, oferece ao futuro colaborador (presencial ou remoto) menos autonomia para a tomada de decisões, impõe normas e regras rígidas, às quais ele estará sujeito. Em contraposição, o futuro colaborador (presencial ou remoto), dentro de uma estrutura orgânica, terá mais liberdade de atuação, autonomia; está exposto a um pequeno número de normas, e não depende dos seus superiores para a tomada de decisão. Para trabalhar em estruturas em grupo é imprescindível que o candidato saiba trabalhar em equipe.

Figura 2.3 Elementos essenciais da cultura organizacional no R&S

ATENÇÃO!

Com tantas mudanças na tecnologia, na sociedade e no universo corporativo, é bem provável o surgimento de novas estruturas organizacionais que vão requerer novas competências dos candidatos.

2.2 *Fit* cultural do candidato

Refere-se aos valores, ideais, aspirações, objetivos de carreira e competências comportamentais do candidato que devem estar alinhadas com a cultura da empresa.

O *fit* cultural do candidato pode ser avaliado por meio de testes comportamentais, dinâmicas de grupo, jogos empresariais e entrevistas comportamentais, que serão exploradas no Capítulo 6.

3. COMPETÊNCIAS ORGANIZACIONAIS

Os principais componentes das competências organizacionais são: a cultura organizacional, a missão, a visão e os valores da empresa, que devem estar atrelados às competências dos ocupantes dos cargos que preenchem ou preencherão a organização. Há muito, o foco da seleção de pessoal deixou de ser o cargo e passou para as competências organizacionais.

3.1 Missão

Refere-se à base do negócio e ao porquê de ele ter sido criado, por que a empresa existe. É a diretriz que vai nortear a empresa e dar sentido à sua razão social.

A empresa decontabilidade SJJA tem como missão: "Oferecer serviços de contabilidade com excelência e segurança para os nossos clientes".

O modo como a empresa produz o sentido da missão e a maneira como o colaborador a internaliza produzem efeitos na relação entre o colaborador e a empresa.

A história dos três professores que foram questionados sobre o que faziam[4] ilustra a internalização da missão por cada professor. O primeiro respondeu "Eu dou aulas", o segundo "Eu educo os meus alunos" e o terceiro "Eu formo cidadãos conscientes". Cada um internalizou de uma maneira a missão do seu trabalho e, provavelmente, da instituição de ensino que leciona.

3.2 Visão

É o que a empresa espera ser no futuro, o que os sócios ou acionistas pretendem.

O frigorífico Carne sem Igual tem como visão: "Ser o melhor frigorífico do país, atendendo a todos os estados brasileiros".

Além de contribuir para o levantamento das competências organizacionais, a visão orienta as estratégias da empresa e os seus colaboradores para conseguir alcançá-las.

3.3 Valores

Refletem as crenças e representações que são valorizadas pela empresa. Definem o que se pode ou não fazer, o que é ou não importante. Determinamos comportamentos e atitudes que serão apreciados e os que serão punidos.

A "Clínica de Cirurgia Plástica Rejuvenescer" tem como valores: a ética, a transparência, a eficiência e o comprometimento com os seus clientes e colaboradores.

---

[4] Autor desconhecido.

Os valores do futuro colaborador deverão estar alinhados com os valores da empresa.

Figura 2.4 Competências organizacionais

A missão, a visão e os valores da empresa devem estar presentes nos critérios de seleção.

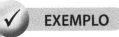 **EXEMPLO**

A Faculdade YWZ tem como:
- **Missão:** "Colocar no mercado de trabalho profissionais criativos e inovadores". Porém, tem como critério de seleção professores que dominem o conteúdo de sua especialidade e que tenham didática. Com esse critério, dificilmente atingirão sua missão, pois para ter professores inovadores precisam incluir em seus critérios professores que também sejam pesquisadores e empreendedores, pois são eles que trazem a inovação.
- **Visão:** "Colocar no mercado os melhores profissionais do país". Para atingir a sua visão, deverá ter professores atualizados e capacitados, investir continuamente em revisão de sua grade curricular, conteúdo, tecnologia de ponta acessível aos alunos e professores.
- **Valores:** "Ética, competência e transparência". Para cumprir com os seus valores, as normas estabelecidas aos professores e alunos devem ser claras e obedecidas por todos os envolvidos: professores, alunos, coordenação e direção. Tais valores devem ser considerados na seleção de pessoas.

Reforçando, assim como a cultura e a estrutura organizacional, a missão, a visão e os valores devem estar presentes nos critérios de seleção de pessoas, pois fazem parte das competências organizacionais que deverão ser cruzadas com as competências dos candidatos.

4. MERCADO DE TRABALHO

O mercado de trabalho se refere às vagas oferecidas pelas empresas, sendo regulado pelo mecanismo de oferta e procura que se reflete nos critérios de seleção de pessoas e nos demais subsistemas de recursos humanos.

Está em oferta quando há muitas vagas e poucos candidatos. Quando se encontra essa situação, os critérios de seleção passam a ser menos rigorosos e, em muitos casos, até inexistentes, pois o número de candidatos qualificados disponíveis não é suficiente para preencher as vagas abertas. Esse quadro gera a necessidade de investimentos em treinamento para compensar inadequações, mesmo quando o recrutamento é digital, que oferece um grande número de candidatos.

Do ponto de vista do candidato, o mercado de trabalho em oferta facilita a obtenção da vaga, pois mesmo que o candidato não seja qualificado ele irá para o treinamento. É a oportunidade de troca de emprego. Os candidatos podem escolher as melhores oportunidades do mercado.

O mercado de trabalho está em procura quando há poucas vagas e muitos candidatos. Nesse caso, os critérios de seleção são mais rígidos, as ofertas salariais são mais baixas e os benefícios menores. Do ponto de vista dos candidatos, as exigências e a competitividade são elevadas.

A Figura 2.5 aponta como o mercado de trabalho é regulado.

Figura 2.5 Mercado de trabalho

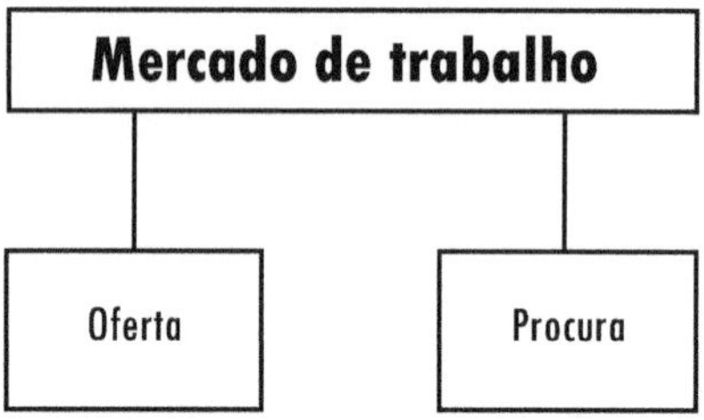

5. TRABALHADORES DO CONHECIMENTO

À medida que a Revolução 4.0 avança, a mão de obra braçal vai sendo substituída pela robótica e deixando de existir. Outras, como caixas de banco e supermercados, operadores de telemarketing, telefonistas, agentes de viagens, repórter de jornal impresso etc., são profissões que tendem a ser substituídas pela Inteligência Artificial. Segundo pesquisadores, algumas vão desaparecer, enquanto outras tantas vão surgir.

Segundo Griffin e Moorhead (2015, p. 51), trabalhadores do conhecimento são aqueles que agregam valor à organização simplesmente por aquilo que sabem. Incluem especialistas em várias ciências, que oferecem os seus conhecimentos, experiências e suas atitudes. Estão sempre atualizados em suas áreas de atuação, dominam a tecnologia e sabem trabalhar em equipe.

5.1 Mindset e *mindset* digital

Para sobreviver em um mundo com tantas mudanças e mercado de trabalho competitivo, o *mindset* e, principalmente, o *mindset* digital devem ser observados na seleção de pessoas.

- *Mindset* significa configuração da mente, ou mente configurada. Trata-se de uma linha de raciocínio que direciona o pensamento da pessoa.
- *Mindset* digital se refere a raciocinar ou configurar a mente em direção às transformações e inovações digitais, leva as pessoas a pensarem em soluções inovadoras e em novos modelos de mercado, são os trabalhadores do conhecimento da era digital.

6. O PERFIL PROFISSIONAL 4.0

Profissional 4.0 é uma referência às pessoas que trabalham ou vão trabalhar dentro do contexto da Revolução 4.0.

Independentemente das profissões e cargo que surgirão, será imprescindível para o perfil 4.0:

- Estar altamente capacitado, com total domínio de determinada área ou conhecimento e da tecnologia (*mindset* digital) dessa área.
- Dominar mais de um idioma (parte-se do pressuposto que esse profissional já domina o inglês, além de sua língua materna).
- Ter controle emocional, capacidade de inovar e se adaptar, saber trabalhar em equipe, facilidade em se engajar no ambiente de trabalho e se atualizar continuamente.
- Saber trabalhar com o robô (interação entre humanos e máquinas).

LINK

Você sabe o que é robô colaborativo? É o robô que trabalha lado a lado com os seres humanos. Veja como funciona assistindo ao vídeo: "Perfil colaborativo leva produção de robôs industriais a patamar inédito", promovido pela Agência Brasileira de Desenvolvimento Industrial.

Fonte: https://www.youtube.com/watch?v=xzLev5FS02g. Acesso em: 30 nov. 2019.

https://uqr.to/i5f6

RESUMO

Este capítulo abordou o posicionamento do recrutamento e da seleção na gestão de pessoas, o crescimento do consultor interno, a cultura organizacional, os seus elementos essenciais no processo de seleção e a importância do *fit* cultural dos candidatos. Ressaltou, também, a importância da cultura organizacional na definição do perfil da vaga.

Definiu as competências organizacionais por meio da visão, missão e valores da empresa e mostrou a importância de correlacioná-las com as competências individuais dos novos colaboradores.

Abordou como o mercado de trabalho é regulado pelo mecanismo de oferta e procura e como esta relação interfere no processo de seleção.

Apontou as características do profissional 4.0, definiu o *mindset* e o *mindset* digital, sendo este último uma importante característica neste perfil profissional.

EXERCÍCIOS DE FIXAÇÃO

1. Ingrid descreve cargos e mapeia competências muito bem. Sabe escolher os instrumentos adequados para o recrutamento e a seleção, está sempre em busca de novas práticas. Porém, elaborou critérios rígidos para a seleção de corretores de imóveis. Não conseguia encontrar candidato que passasse em seu processo seletivo. Ingrid esqueceu de levar em consideração o mercado de trabalho. Com esses dados, como estava o mercado de trabalho do setor imobiliário quando Ingrid elaborou os critérios de seleção dos corretores de imóveis? Por quê? Como Ingrid deveria proceder?

2. André cursou a faculdade de Engenharia Civil. A cada ano de faculdade, percebia como a sua escolha profissional foi certeira. Ao terminar o curso, André foi trabalhar em uma construtora. No primeiro dia de trabalho, um engenheiro com mais tempo de casa o acompanhou para que ele conhecesse o pessoal e as normas da empresa. Não precisou de mais de uma semana para que André percebesse que a construtora era repleta de regras e procedimentos que impediam a autonomia dos colaboradores até mesmo para solicitar diretamente ao setor responsável tinta para a impressora. O seu chefe controlava tudo e todos os engenheiros do seu setor, não ouvia opiniões dos seus subordinados. Cada engenheiro realizava um trabalho específico. Com o tempo, o trabalho passou a ser repetitivo e rotineiro. André sentia-se perdendo conhecimento e talento. Estava procurando outro lugar para trabalhar. Aconteceu um encontro com ex-alunos da faculdade, e nele encontrou Agnaldo, um amigo que, ao se formar, foi trabalhar em uma construtora em outra cidade. Agnaldo estava fascinado com o seu trabalho. A construtora obedecia a todas as regras legais e de segurança e concedia a seus colaboradores autonomia para a tomada de decisão. Seu chefe dividia com todos os seus conhecimentos e experiências. Agnaldo aprendera muito, principalmente a se relacionar com a equipe. Recebia elogios toda a vez que dava uma opinião ou sugestão pertinente. Estava procurando por uma pós-graduação, pois via um vasto campo em sua em sua área de atuação (BANOV, 2019, p. 11).
Faça um quadro comparando os elementos da cultura organizacional (filosofia, papel dos líderes e a estrutura) das empresas de André e Agnaldo.

3. Qual é o *fit* cultural desejado pela empresa em que você trabalha?

4. Faça uma pesquisa sobre o mercado de trabalho na área imobiliária e descreva se, atualmente, esse mercado está em oferta ou procura, explicando os motivos.

CAPÍTULO 3

Do perfil do cargo às *hard* e *soft skills*

Assista ao vídeo da autora sobre este capítulo

https://uqr.to/i5f8

Objetivos do capítulo

- Definir cargo, função e tarefa.
- Descrever um perfil de cargo.
- Apontar as tradicionais abordagens sobre competências.
- Diferenciar as *hard skills* das *soft skills* e o que elas trazem de diferente em relação às abordagens tradicionais sobre competências.

Contextualização

Um dia, um funcionário foi até a sala do patrão para dizer que se sentia injustiçado. Sabia que um colega, com menos tempo de casa, estava ganhando mais do que ele. O patrão fingiu não ouvir a reclamação e disse:

– Foi bom você ter vindo aqui... Tenho um problema para resolver. Quero oferecer uma sobremesa no almoço e pensei em servir abacaxi. Verifique, lá na barraca de frutas, se eles têm abacaxi.

O funcionário em cinco minutos estava de volta com a missão cumprida, confirmando que na barraca havia abacaxi.

– E quanto custa?

– Ah, isso eu não perguntei!

O patrão pegou o telefone e mandou chamar o tal colega do funcionário. Quando ele entrou na sala, o patrão disse:

– Eu quero oferecer ao nosso pessoal uma sobremesa. Vá até a barraca de frutas e verifique se eles têm abacaxi.

> Em oito minutos, o rapaz estava de volta.
>
> – E então? Perguntou o patrão.
>
> – Eles têm abacaxi, sim. Têm em quantidade suficiente. E, se o senhor quiser, eles têm laranja e banana.
>
> – E o preço? – indagou o patrão.
>
> – Bom, o abacaxi é vendido a nove reais o quilo, a banana, a três reais e a laranja, a quarenta reais o cento, já descascadas. Deixei reservado o abacaxi. Caso o senhor resolva, é só confirmar que eles entregam.
>
> O patrão agradeceu e dispensou o rapaz. Voltou-se para o funcionário que estava sentado na cadeira ao lado e perguntou:
>
> – Você falou alguma coisa quando entrou na minha sala hoje... O que era mesmo?
>
> – Não era nada, pode esquecer – disse o funcionário.
>
> (RANGEL, 2004, p. 72-73)

No exemplo, observamos que os dois colaboradores possuem os mesmos conhecimentos e habilidades técnicas para desempenharem suas funções, porém se diferenciam nas atitudes.

A palavra *competência* é antiga na abordagem do senso comum. Ouvia-se, com frequência, alguém dizer que tal pessoa era muito competente, significando que essa pessoa fazia algo com perfeição, bem feito. Não é por acaso que ela foi para os meios acadêmicos e vem merecendo muitas pesquisas.

O tradicional processo seletivo sempre se iniciou com o levantamento do perfil do cargo, que tem como foco o cargo e suas necessidades. Atualmente, as competências organizacionais (da empresa) e individuais (dos candidatos) passam a ser enfatizadas; o foco deixa de ser o cargo e passa a ser a pessoa. Este capítulo inicia-se com o perfil do cargo e encerra-se com as *hard* e *soft skills*.

1. COMPONENTES DO PERFIL DO CARGO

Quando surge uma vaga, geralmente o gerente ou outra pessoa em cargo de liderança (superior do departamento ou setor, o responsável por projetos ou equipes etc.) solicitará aos profissionais de recrutamento e seleção a procura de um profissional para preenchê-la. Por isso, esses colaboradores em cargos de liderança são chamados de requisitantes do cargo.

O cargo refere-se ao conjunto de funções, como, por exemplo, o cargo de analista de recursos humanos, enquanto a função diz respeito a um conjunto de tarefas que cada colaborador deve executar, por exemplo, o analista de recursos humanos que trabalha com treinamentos. As tarefas são as atividades realizadas pelo colaborador. No caso do analista de treinamento, suas atividades são diferentes das desempenhadas pelo analista de recursos humanos, que trabalha na seleção de pessoal. Daí a importância do detalhamento do perfil do cargo:

Figura 3.1 Cargo, função e tarefa

```
┌──────────┐     ┌──────────┐     ┌──────────┐
│  Cargo   ├─────┤  Função  ├─────┤  Tarefa  │
└────┬─────┘     └─────┬────┘     └─────┬────┘
     │                 │                │
┌────┴─────┐     ┌─────┴────┐     ┌─────┴──────┐
│ Conjunto │     │ Conjunto │     │ Conjunto de│
│de funções│     │de tarefas│     │ atividades │
│          │     │          │     │ realizadas │
└──────────┘     └──────────┘     └────────────┘
```

SAIBA MAIS

- O perfil do cargo e a função colaboram para:
- Apontar o que compete a cada colaborador.
- A liderança delegar as atividades de cada colaborador de acordo com o cargo.
- O colaborador saber o que se espera dele naquela função.
- Auxiliar cada membro da equipe a fazer com excelência a sua parte, contribuindo com a equipe e os resultados da empresa.
- Auxiliar outros subsistemas de recursos humanos.

O profissional de recrutamento e seleção trabalhará em conjunto com o requisitante do cargo para poder levantar o perfil do cargo. O bom relacionamento entre o requisitante e o recrutador é imprescindível para a boa descrição do perfil do cargo. Tradicionalmente, ao selecionar um químico, é o requisitante que dará ao selecionador as informações sobre as competências que esse químico deverá possuir. Ao recrutador caberá buscar o profissional no mercado de recursos humanos. O selecionador deverá elaborar as provas das demais competências e juntá-las às competências técnicas, além de levar em consideração a cultura da empresa para fechar o perfil do candidato ideal. Se a seleção for automatizada, o profissional de recrutamento e seleção se reunirá com o profissional de tecnologia da informação, para detalhar as competências necessárias a esse colaborador e se informar como os dados devem ser inseridos na plataforma.

ATENÇÃO!

O perfil do cargo, quando bem descrito e aplicado, evita processos trabalhistas gerados por desvios de função, ou seja, quando o colaborador desempenha atividades diferentes daquela para a qual foi contratado.

O levantamento do perfil do cargo se refere ao levantamento de dados necessários sobre o cargo e a pessoa que deverá ocupá-lo. O foco central é o cargo, pois descreve as principais atividades e responsabilidades, a formação educacional necessária e a experiência profissional do seu futuro ocupante. O perfil da vaga resume o perfil do cargo e acrescenta o salário, os benefícios, a oportunidade de desenvolvimento profissional, carreira, enfim, o que a empresa oferece. Na prática, muitas empresas agregam ao perfil do cargo o que a empresa oferece ao seu ocupante.

O levantamento do perfil do cargo inicia-se com a identificação do local, área ou setor de trabalho. Deverá conter, no mínimo, as seguintes informações:

- Nome do cargo

Em geral, as empresas têm uma estrutura de salários e, junto com ela, a de cargos. O que o selecionador deve observar é que nem sempre o cargo que o candidato exerceu em outra empresa tem as mesmas atribuições da vaga que ele tem em aberto.

EXEMPLO

Um contabilista do setor de contabilidade de uma grande empresa possui atribuições diferentes de um contabilista que trabalha em um pequeno escritório de contabilidade. O primeiro pode ter uma experiência especializada em um segmento da contabilidade, enquanto o segundo tem experiência em vários segmentos.

O selecionador deve ter cuidado com as técnicas de nominação de cargos, muito utilizadas para dar uma nova imagem a cargos desgastados ou para motivar o seu portador.

Muitas empresas usam técnicas de nominação para dar nome aos cargos, principalmente para aqueles cujos nomes tradicionais estão desgastados. É o caso do "vendedor", que foi substituído por *consultor* (de negócios, de produtos, entre outros). Não passam de vendedores, mas a palavra *consultor* confere ao seu usuário e ao cliente que ele atender uma imagem mais agradável do que *vendedor*.

- Objetivo do cargo

Para saber o objetivo do cargo, basta perguntar "para que o cargo existe?".

- Posição do cargo no organograma da empresa

Ao saber a nomenclatura do cargo e do departamento (setor ou equipe de projeto) solicitante, pode-se visualizá-los e identificar seus superiores, seus subordinados (se tiver) e seus pares.

Tem crescido o número de empresas, principalmente as *startups*, com um modelo de gestão horizontal, ou seja, não há uma relação de chefia e subordinado, mas uma relação entre profissionais.

- Descrição das atribuições e responsabilidades

Devem ser descritas todas as tarefas que a pessoa deverá realizar, as diárias e as esporádicas, ou seja, o que a pessoa fará no dia a dia e o que fará ocasionalmente, como participar de reuniões semanais como supervisor e mensais com o gerente, as tecnologias usadas para a execução das tarefas e outras informações específicas de cada cargo. A descrição das tarefas elucida a função.

- Requisitos (exigências da empresa)
  - Dados pessoais (idade, sexo, estado civil, escolaridade, experiência anterior etc.).
  - Disponibilidade para viajar, trabalhar em outro estado ou país. Se esse item for fundamental, a negativa do candidato já o elimina do processo seletivo.
  - Horário e local de trabalho.
- Supervisão exercida

O ocupante do cargo terá subordinados? Em caso positivo, dados sobre a liderança e outros que a cercam, como solução de problemas, conflitos e tomada de decisão serão observados durante o processo de seleção de pessoal.

- Relacionamentos
  - Internos: são os relacionamentos com a chefia, colegas de trabalho e demais integrantes da empresa.
  - Externos: são os relacionamentos com os clientes, fornecedores, concorrentes etc. Se o cargo inclui relacionamentos externos, será averiguado na seleção se o candidato sabe atender clientes, fornecedores etc.
- Condições oferecidas pela empresa

O que a empresa oferece como salário, benefícios, incentivos, plano de carreira etc.

Existem vários modelos de descrição do perfil de um cargo, por exemplo:

QUADRO 3.1 Modelo tradicional de perfil do cargo

Empresa: FGH ORGANIZAÇÃO CONTÁBIL LTDA.[1]
DADOS DO CARGO
Título do Cargo: Contabilista   DATA:
Área: Contabilidade   Setor: Fiscal   Código: ContFisc (opcional)

(Continua)

---

[1] Nome fictício. Qualquer semelhança é mera coincidência.

(*Continuação*)

OBJETIVO DO CARGO
Contabilista, para atuar no setor fiscal, analisando a situação tributária da FGH e das empresas clientes para tomada de decisão quanto aos tributos e responder diretamente ao sócio-diretor da empresa.
ATRIBUIÇÕES E RESPONSABILIDADES (descrição das tarefas/responsabilidades)
• Conhecimentos e práticas da contabilidade geral e específica da área fiscal. • Conhecimentos e habilidades com a legislação tributária. • Elaboração e análise de balanços tendo em vista as sugestões ao cliente quanto aos seus tributos. • Prestar atendimento ao Gerente do Departamento e aos clientes que venham solicitar informações/serviços. • Atendimento a fiscalização e acompanhamento de processos fiscais. • Transmitir informações internas e externas, mantendo o controle da agenda tributária. • Organizar toda documentação arquivada mantendo-a atualizada e de fácil manejo. • Controlar a emissão de balancetes e relatórios mensais dos clientes observando os impostos e a saúde financeira das empresas clientes. • Manter controle sobre as datas de vencimentos de impostos dos clientes, objetivando evitar problemas com as multas e a fiscalização.
REQUISITOS (Exigências da Empresa)
→ Idade acima dos 35 anos, sexo masculino ou feminino, não fumante e disponibilidade para trabalhar ocasionalmente nos fins de semana. Local de trabalho: Centro de Guarulhos/SP. Horário: das 8:00 às 18:00 horas. Escolaridade básica: graduação em Ciências Contábeis. Experiência na área contábil. Idioma: inglês. → Conhecimentos específicos/adicionais – *softwares* específicos da área.
SUPERVISÃO EXERCIDA
Um auxiliar e um assistente contábil.
RELACIONAMENTOS
• Externos: com clientes: pessoas que respondem pela contabilidade e controle fiscal da empresa e fiscalização em geral.
CONDIÇÕES OFERECIDAS PELA EMPRESA
Ótimo ambiente de trabalho, salário compatível com o mercado, assistência médica, previdência privada, participação nos resultados e reembolso de 100% nos cursos direcionados à área de atuação.
SOLICITANTE DO CARGO ASSINATURA _____ _____ DATA____/____/____

SAIBA MAIS

Na seleção por meio de plataformas, todas as informações do Quadro 3.1, mais as competências comportamentais ou as *softskills* (descritas a seguir), serão digitalizadas para que o perfil do cargo seja cruzado com o perfil dos candidatos e para que o próprio *software* (Inteligência Artificial) usado pela plataforma possa fazer a seleção daqueles que estão mais próximos do perfil desejado pela empresa. A assinatura é dispensada.

No processo seletivo tradicional, o perfil do cargo, em conjunto com o conhecimento da cultura organizacional e a análise do mercado de trabalho, direcionava o selecionador em busca do candidato adequado ao perfil desejado pela empresa. Com o passar do tempo, as exigências foram aumentando, trazendo mudanças no conceito de cargo. Além do conhecimento da cultura da empresa, do mercado de trabalho e dos conhecimentos e habilidades técnicas, o cargo passou a englobar as competências comportamentais mais complexas.

O conceito de cargo se ampliou para atender a um contexto de trabalho mais dinâmico. Ao invés de caracterizar-se por um conjunto de atividades, tarefas e passos que descrevem uma rotina bem precisa para o seu ocupante, passou-se a definir sumariamente as atividades principais, abrindo espaço para atividades afins não previstas. Zarifian (1996) se refere a eventos como situações específicas não previstas com que o profissional tem que lidar em função da atividade que exerce e que exige dele iniciativa e capacidade de solucionar problemas (ALMEIDA, 2009, p. 10).

2. COMPETÊNCIAS: TEORIAS TRADICIONAIS

A preocupação com as competências surge em resposta a um ambiente altamente competitivo em que as empresas buscam novos modelos de gestão para adequar seus colaboradores às suas estratégias de negócios. O objetivo é alinhar as competências individuais às competências organizacionais, que estão atreladas à missão, à visão e aos valores da empresa.

Existem várias abordagens sobre o tema (francesa, inglesa, americana etc.), dificultando uma definição precisa sobre o assunto. No Brasil, a abordagem mais difundida foi a popularmente conhecida como CHA, que se refere ao conjunto de **C**onhecimentos, **H**abilidades e **A**titudes necessário para o preenchimento das necessidades do cargo e dos objetivos organizacionais. Este conjunto é visto por diferentes abordagens.

As três principais abordagens tradicionais sobre as competências nascem do CHA, mas dão diferentes enfoques nas atitudes.

2.1 Abordagem CHA, com foco comportamental

Segundo Rabaglio (2005, p. 3), podemos definir competência como um conjunto de conhecimentos, habilidades e atitudes específicas que permite ao indivíduo desempenhar, com eficácia, determinadas tarefas, em qualquer situação, de forma peculiar.

Este conjunto ao longo do tempo foi conhecido como CHA, que consiste em:

- **Conhecimento:** o domínio intelectual da área de atuação, do conhecimento, da informação, entender clara e corretamente. Esse item comporta ainda a escolaridade, a especialização, os cursos que o candidato fez ou está fazendo.
- **Habilidade:** capacidade de saber fazer, da aplicação técnica, da experiência.
- **Atitudes:** capacidade de agir, comportar-se e tomar decisões adequadas às exigências do momento.

Figura 3.2 Competência na abordagem do CHA

Segundo a autora, o que diferencia o CHA já utilizado no passado do atual é a ênfase dada às competências comportamentais. Antes, o foco estava na competência técnica (habilidades), há mais de duas décadas, o conhecimento e a habilidade são vistos como inerentes ao cargo, e o diferencial são as competências comportamentais (atitudes).

> Competências comportamentais: atitudes e comportamentos compatíveis com as atribuições a serem desempenhadas. Ex.: iniciativa, criatividade, habilidade de relacionamento interpessoal, comunicação verbal, liderança, negociação, empreendedorismo, espírito de equipe, bom humor, entusiasmo, espírito de servir, humildade, extroversão, persuasão, atenção a detalhes, participação, cooperação, facilidade para trabalhar com metas, foco em resultados, flexibilidade, empatia, agilidade etc. (RABAGLIO, 2005, p. 6).

Ressalte-se que todo profissional apresenta um perfil de competências técnicas, compostas de conhecimentos e habilidades para o desempenho do cargo, e de competências comportamentais, direcionadas aos comportamentos e atitudes compatíveis com o cargo, tais como comunicação, relacionamento interpessoal, empatia, iniciativa etc.

LINK

Assista à entrevista com Maria Odete Rabaglio, sobre a "seleção por competência".
Fonte: https://www.dailymotion.com/video/x2prxbg.
Acesso em: 6 set. 2019.

https://uqr.to/i5fa

Embora as competências comportamentais sejam o foco, é importante salientar que sem o domínio técnico as outras competências não levarão ao preenchimento dos objetivos organizacionais. Na seleção de pessoas, espera-se que o candidato já tenha o domínio técnico para a área a que se candidatou.

2.2 Componente da entrega

Dutra (2001, p. 28) acredita que o conjunto CHA não garante que os objetivos organizacionais sejam atingidos. Agrega ao conceito de competências o conceito de entrega.

> O indivíduo é avaliado e analisado para efeitos de admissão, demissão, promoção, aumento salarial etc., levando-se em consideração sua capacidade de entregar-se à empresa. Por exemplo, ao escolhermos uma pessoa para trabalhar conosco, além de verificarmos sua formação e experiência, observamos também o seu modo de atuar, sua maneira de realizar o trabalho solicitado, suas realizações, enfim, queremos nos assegurar de que a pessoa a ser escolhida terá condições de obter resultados que a organização espera e necessita.
>
> Na prática organizacional, as decisões sobre indivíduos são tomadas em razão do que eles entregam para a organização, enquanto o sistema formal, concebido, geralmente, a partir do conceito de cargos, privilegia apenas o que as pessoas fazem (DUTRA, 2001, p. 28).

2.3 Saber, saber fazer e saber ser

Também, parte do pressuposto de que o conhecimento e a habilidade são importantes para a compreensão da competência, porém, segundo Carvalho, Passos e Saraiva (2009, p. 39), a atitude é definida como "o conjunto formado por um componente cognitivo (conhecimento, crenças e experiências), por um componente afetivo (o sentimento pró ou contra) e um componente comportamental", que entendem ser a atitude que direcionará o conhecimento e a habilidade "rumo a um desempenho que pode ou não ser adequado aos interesses de uma organização".

Para esses estudiosos, os valores, as crenças, os desejos e outras características psicológicas concretizarão a competência. Eles também apontam as imprecisões terminológicas do CHA e propõem as categorias: saber, saber fazer e saber ser:

- **Saber:** conjunto de informações articuladas sobre determinado tema.
- **Saber fazer:** conjunto de capacidades que envolvem a mobilização do saber, visando agir de forma a gerar um resultado concreto e em conformidade com um padrão preestabelecido.
- **Saber ser:** conjunto de valores, crenças, desejos, motivações e outras características psicológicas que contextualizam o saber e o saber fazer.

ATENÇÃO!

É importante observar que as abordagens não devem ser vistas como contraditórias, mas como apresentando pontos diferentes sobre o mesmo objeto. Cada uma traz uma nova contribuição, e, o mais importante, elas tiram o foco do cargo e o colocam nas pessoas e nas diferenças individuais.

2.4 Consenso

Carvalho, Passos e Saraiva (2009) chegam a um consenso no que se refere a:

- As competências individuais devem estar atreladas às competências organizacionais para que a empresa possa atender aos seus objetivos.

nesharm | iStockphoto

- As pessoas podem ocupar o mesmo cargo, que exige as mesmas competências. Porém, as competências não se articulam da mesma maneira nas pessoas. A maneira como o conjunto CHA se organiza é o que diferencia as pessoas. O peso maior das diferenças está na atitude, no comportamento, tal qual no exemplo do abacaxi, no início deste capítulo.

3. MAPEAMENTO TRADICIONAL DE COMPETÊNCIAS

O mapeamento das competências dos candidatos deve estar atrelado às competências organizacionais. As competências devem ser personalizadas para cada cargo e setor da organização. Para Rabaglio (2005, p. 7), é preciso:

> [...] elaborar um mapeamento de competências para cada cargo da organização e fornecer ferramentas específicas para a identificação desse perfil de competências no repertório comportamental dos candidatos, sempre com foco nas estratégias e competências organizacionais.

ATENÇÃO!

É importante que o selecionador busque conhecimentos mais aprofundados e detalhados para fazer o mapeamento de competências necessárias para cada cargo da empresa.

Existem vários questionários, inventários, planilhas, jogos, plataformas e outras ferramentas que vão auxiliar no mapeamento.

O exemplo a seguir tem como objetivo ilustrar, de maneira simples, um mapeamento de competência de um cargo.

Uma das maneiras de se iniciar um mapeamento de competências pode ser por meio da descrição das atribuições necessárias para a execução do cargo e sobre elas descrever as competências necessárias, enfatizando as comportamentais.

Empresa: FGH ORGANIZAÇÃO CONTABIL LTDA.[2] (ver Quadro 3.1)
Missão   • Fornecer serviços contábeis e parceria na gestão de empresas clientes, auxiliando-as em seus processos decisórios e tendo como foco os melhores resultados.
Visão   • Ser uma das melhores empresas de Assessoria e Consultoria Contábil do país.
Valores   • Qualidade em todos os serviços prestados.   • Comprometimento e respeito à individualidade das empresas clientes.   • Responsabilidade, tansparência e ética em todos os serviços prestados.
Cargo: Contabilista – Área: Fiscal.

---

[2] Nome fictício. Qualquer semelhança é mera coincidência.

QUADRO 3.2 Mapeamento de competências

MAPEAMENTO DE COMPETÊNCIAS	
Cargo: Contabilista – Área: Fiscal	
DESCRIÇÃO DAS ATRIBUIÇÕES	**COMPETÊNCIAS NECESSÁRIAS**
Conhecimentos da contabilidade geral e da área fiscal.	Graduação em Ciências Contábeis e especialização na área fiscal. Conhecimentos da legislação tributária.
Habilidades com a contabilidade geral e legislação tributária.	Experiência de cinco anos na área contábil.
Utilização de tecnologia.	Habilidade com *softwares* específicos.
Elaboração e análise de balanços.	Atenção concentrada, ética, capacidade de síntese, comunicação escrita eficaz e foco nos resultados.
Atendimento aos clientes e fiscais.	Habilidades interpessoais, empatia, habilidade em solução de problemas e negociação, habilidade para ouvir, flexibilidade, ética, boa comunicação oral e bom humor.
Acompanhamento de processos fiscais, controle da agenda do departamento e vencimentos de impostos.	Organização, planejamento e administração do tempo.
Transmitir informações internas e externas.	Capacidade de síntese. Boa comunicação oral e escrita, empatia, habilidade de relacionamento, capacidade de percepção e observação, ética.
Trabalho em conjunto com o seu gerente e outros profissionais de outros departamentos.	Habilidade interpessoal, habilidade de ouvir, empatia, espírito de equipe.
Tomada de decisão quanto aos tributos dos clientes.	Capacidade de síntese, boa percepção, utilização de técnicas de tomada de decisão, foco nos resultados e ética.

Completam-se os dados para o mapeamento de competências a observação da execução do cargo e as entrevistas feitas com os gestores e/ou colaboradores do cargo a ser mapeado. A capacitação do entrevistador é fundamental para que ele possa extrair dos entrevistados respostas que forneçam as competências necessárias ao cargo. Ele deverá interpretar o relato dos gestores e colaboradores para nomear e definir corretamente cada competência pessoal para a execução do cargo.

Um supervisor relatou que o seu departamento não caminhava bem porque alguns colaboradores "viviam brigando" e outros "não o obedeciam de jeito nenhum". Daí nasceram as competências "relacionamento com os colegas de trabalho" e "relacionamento com a chefia", respectivamente.

Já um gestor definiu "organização" como a capacidade de ser metódico, enquanto outro a definiu como "a capacidade de ordenar as ideias e tomar decisões".

É importante que essas competências sejam claramente definidas, pois uma competência pode ter várias interpretações e valores.

4. AS SKILLS

Skills são habilidades que podem ser técnicas ou comportamentais. Em recursos humanos, as *skills* também são conhecidas como competências e classificadas em *hard* e *soft*.

4.1 Hard skills

As *hard skills* se referem aos conhecimentos e às habilidades técnicas do candidato, que podem ser desenvolvidas nos meios acadêmicos e profissionais, em treinamentos, *workshops*, entre outros. Nas teorias tradicionais de competências, são conhecidas como conhecimentos e habilidades.

São exemplos de *hard skills*:

- Formação acadêmica do candidato (cursos técnicos, graduação, pós-graduação).
- Cursos extracurriculares.
- Conhecimentos e habilidades na operação de máquinas, ferramentas e equipamentos.
- Habilidades com a informática.
- Habilidades com cálculos.

As *hard skills* são fáceis de ensinar e aprender. São imprescindíveis, facilmente quantificadas e estão vinculadas com as necessidades da empresa e o tipo do cargo. Durante muito tempo, elas foram os diferenciais dos candidatos. Nos últimos anos, as *soft skills* têm recebido uma relevância maior nos processos seletivos.

4.2 Soft skills

São habilidades decorrentes da experiência psicossocial do candidato, e difíceis de ensinar e assimilar. São exemplos de *soft skills*:

- Facilidade em relacionamentos interpessoais.
- Proatividade.
- Espírito de equipe.
- Senso de liderança.
- Trabalhar sobre pressão.
- Comunicação interpessoal.

- Flexibilidade.
- Empatia.
- Otimismo.
- Capacidade analítica.
- Lidar com fatores emocionais.

O que diferencia as *skills* das teorias tradicionais de competências (conhecimento, habilidades e atitudes), em uma leitura do contexto atual, são as *soft skills*, por considerarem o comportamento e as atitudes (como fazem as teorias tradicionais), mas englobando em suas bases a inteligência emocional, ou seja, a capacidade de a pessoa lidar com as suas próprias emoções e usá-las a seu favor e se autodesenvolver. As *soft skills* dependem da vontade da pessoa para se desenvolverem, enquanto a atitude tradicional é focada no comportamento dos candidatos. As *soft skills* se aproximam da teoria do "saber ser".

EXEMPLO

Jair trabalha na Garantia Soluções em Informática e gerencia uma equipe que desenvolve projetos de *software* para as empresas clientes. Ele é muito pressionado pelo seu superior, sua equipe e pelas empresas clientes, no que diz respeito a prazos e adaptações dos *softwares*, mas jamais perde a calma e a tranquilidade. Trabalhar sob pressão é uma habilidade (*soft skill*) que ele possui.

As *soft skills* são comportamentais e se relacionam com a aprendizagem mais subjetiva, portanto são mais difíceis de serem quantificadas. Capacitar as habilidades técnicas é mais fácil do que a maneira de ser da pessoa, portanto, desenvolver as *soft skills* depende muito mais do colaborador.

Não há dúvidas de que os profissionais que têm *soft skills* bem desenvolvidas são os que apresentam melhor desempenho. São elas que vão apontar se o candidato está ou não alinhado com a empresa.

LINK

Assista ao vídeo: "Como as *soft skills* estão cada vez mais presentes no mercado de trabalho? – Conexão Futura".
Fonte: https://www.youtube.com/watch?v=O4NHBauEspw.
Acesso em: 12 out. 2019.

https://uqr.to/i5fb

RESUMO

Este capítulo abordou as definições de cargo, função e tarefa, levantou os principais componentes de um perfil de cargo e o exemplificou.

Definiu as competências organizacionais e as competências individuais, e descreveu as principais abordagens tradicionais sobre as competências individuais:

- A abordagem do CHA, com foco comportamental.
- Componente da entrega.
- Saber, saber fazer e saber ser, e o consenso entre tais abordagens.

Definiu e diferenciou as *hard skills* das *soft skills*, e as *skills* da atitude tradicional difundidas pelas teorias tradicionais de competências, reforçando o diferencial do candidato nas *soft skills*.

EXERCÍCIOS DE FIXAÇÃO

1. Para traçar as competências necessárias para o futuro ocupante de seu cargo na empresa em que você trabalha, descreva:

    a) o perfil do seu cargo;

    b) a missão, visão e valores de sua empresa;

    c) a cultura organizacional de sua empresa;

    d) as *hard* e *soft skills* necessárias ao bom desempenho do seu cargo.

2. Marize trabalha como gerente no Hipermercado Compra Certa, próximo a sua casa. O Compra Certa tem como missão "o cliente em primeiro lugar" e como visão "ser o melhor hipermercado de atendimento ao cliente do país". Quais *hard* e *softskills* ela deve possuir para atender à missão e à visão do "Compra Certa"?

3. Mariângela, gerente de recursos humanos da empresa Doce Magia, resolveu implantar a gestão por competências em sua empresa por ter percebido que, quando as competências dos colaboradores são identificadas, elas podem ser utilizadas a favor do colaborador e da equipe, maximizando os resultados da empresa. Como deve ser feita a seleção de pessoas com base nas competências individuais e organizacionais?

4. O que diferencia o CHA (conhecimento, habilidades e atitudes) das *hard* e *soft skills*?

PARTE 2

Recrutamento

CAPÍTULO 4

Recrutamento (ou captação) de pessoas

Assista ao vídeo da autora sobre este capítulo

https://uqr.to/i5fc

Objetivos do capítulo

- Definir o recrutamento.
- Abordar as etapas e os tipos de recrutamento.
- Descrever as técnicas de recrutamento – dos *jobs boards* às demais técnicas.
- Explicar a medida de um recrutamento.

Contextualização

A empresa KGG conta com 2.500 colaboradores, e seu planejamento de pessoal é constantemente movimentado com novas contratações em decorrência do término de contratos de estagiários, temporários para substituir licenças maternidade, efetivos para substituir os colaboradores que vão se aposentando, além da substituição com a rotatividade. O processo de seleção, feito por duas selecionadoras, levava de um a dois meses, ou mais, para aprovar os candidatos às vagas disponíveis, pois o número de currículos recebidos era grande e demandava muito tempo para a leitura. Com a demora, bons candidatos acabavam sendo contratados por outras empresas. A empresa resolveu contratar uma assessoria para implantar na KGG uma plataforma de recrutamento, que fazia, além do recrutamento, uma pré-seleção. O resultado foi visível na primeira semana. Os candidatos se candidatavam às vagas pelo *site* da empresa e seus dados eram cruzados com o perfil do cargo desejado pela KGG. A Inteligência Artificial da plataforma, então, fazia a seleção e enviava candidatos compatíveis com a solicitação da empresa, em um tempo recorde de leitura dos currículos e pré-seleção, para que a KGG prosseguisse com o processo seletivo.

Traçados o perfil do cargo, a cultura organizacional, com o mapeamento das competências organizacionais e individuais elaborados, com uma ou mais vagas em aberto, inicia-se o processo de recrutamento (ou captação de pessoal).

SAIBA MAIS

Outro termo utilizado no recrutamento é atração de talentos. Originalmente, o termo é direcionado aos candidatos que realmente possuem notório talento e são eles que escolhem a empresa em que desejam trabalhar, levando algumas empresas a reverem suas propostas para poder atraí-los.

O recrutamento se refere às técnicas utilizadas pelas empresas para a divulgação de suas vagas com o objetivo de atrair candidatos com o perfil desejado por elas. Seu planejamento é importante porque envolve custos para a empresa que, em geral, disponibilizade um orçamento para realizá-lo.

Atualmente, o recrutamento vem adquirindo um valor mais elevado se comparado com épocas anteriores, em função de um grande número de candidatos disponíveis e da falta de qualificação mínima desses candidatos para a ocupação das vagas em aberto, o que torna o recrutamento cada vez mais estratégico para encontrar candidatos que atendam às necessidades das vagas da empresa.

Mazirama | iStockphoto

Uma divulgação mal planejada pode atrair candidatos que não condizem com o perfil desejado pela empresa.

1. ETAPAS DO RECRUTAMENTO

Tradicionalmente, o recrutamento é um processo que envolve, basicamente, quatro etapas:

- **1ª Etapa – Coleta de dados:** detalhamento do perfil desejado pela organização, mapeamento das *hard e soft skills*, tempo disponível para preencher as vagas, recursos financeiros destinados ao recrutamento, situação do mercado de trabalho, entre outros, conforme o perfil da empresa.
- **2ª Etapa – Planejamento:** quando ocorrerá o recrutamento (período, data), tipo (interno, externo ou misto), escolha das técnicas de divulgação (apresentadas no item 3, deste capítulo), previsão de custos, responsabilidades sobre o processo e definição do conteúdo da divulgação. Cada vaga tem o seu próprio conteúdo, que exige etapas e análises diferentes para encontrar o candidato desejado pela empresa.

SAIBA MAIS

O conteúdo da divulgação da vaga, seja digital ou não, deve conter:
- Título do cargo: deve ser bem elaborado para atrair o candidato com o perfil desejado pela empresa.
- Descrição da vaga: resumo das atividades que o futuro colaborador deverá exercer e como deve ser este colaborador.
- Formato do trabalho: presencial, remoto, *job sharing*[1] etc.
- Requisitos do cargo: formação, conhecimentos, experiências, atitudes.
- Resumo da empresa.
- O que a empresa oferece: salários, benefícios e incentivos.
- Informações de como se candidatar à vaga.

- **3ª Etapa – Execução do recrutamento:** refere-se à divulgação da vaga de acordo com a técnica escolhida.

  Os meios de execução do recrutamento são:

  a) **Físico:** quando a técnica utilizada não for *on-line*.

  b) **Digital *on-line*:** É a utilização da internet, principalmente de plataformas especializadas, onde a empresa divulga a vaga em seu *site* e em sua rede social, ou contrata empresas de assessoria/consultoria nas quais os candidatos se inscrevem em busca de oportunidades de emprego. Há um cruzamento entre o perfil desejado pela empresa e o perfil dos candidatos, permitindo que a triagem inicial seja feita por algoritmos e palavras-chave, eliminando a necessidade de leitura de todos os currículos.

---

[1] Refere-se ao trabalho compartilhado no formato de duas pessoas contratadas em regime de meio período ou período reduzido. Tal dupla realizará o trabalho de uma pessoa em tempo integral.

O currículo, na atualidade, ficou pequeno com tantas informações que se podem obter do candidato. O cruzamento dos candidatos com a vaga realizado pela Inteligência Artificial traz todas as informações do candidato encontradas na internet (suas redes sociais, pesquisas que faz, fotos e vídeos que posta e muitos outros que, às vezes, o próprio candidato desconhece) revelando em detalhes quem realmente é o candidato e sua probabilidade de sucesso na empresa e cargo.

Como vantagens do recrutamento *on-line*, cabem citar:

- Filtros que rapidamente encontram os candidatos desejados.
- As empresas vão aonde os talentos estão.
- Otimização do processo de recrutamento.
- Custos e tempo reduzidos.
- Segmentação com eficiência do público-alvo.
- Divulgações *on-line* podem ser compartilhadas rapidamente em várias plataformas.
- Informação disponível 24 horas.

c) **Físico e digital *on-line*:** ocorre quando em um mesmo recrutamento os meios são físicos e *on-line*, como, por exemplo, os cartazes afixados em escolas técnicas (físico) para os interessados em estágios inscreverem-se *on-line*.

Figura 4.1 Meios de execução do recrutamento

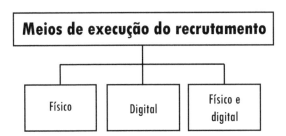

- **4ª Etapa – Métrica do recrutamento:** medida pelo número de candidatos que se inscreveram para a vaga em relação ao número de candidatos realmente qualificados e compatíveis com o perfil desejado pela empresa, conforme será demonstrado mais adiante neste capítulo.

Figura 4.2 Etapas do recrutamento

```
                    Etapas do recrutamento
        ┌──────────────┬──────────────┬──────────────┐
    Coleta         Planejamento    Execução      Métrica ou
    de dados                                      avaliação
```

2. TIPOS DE RECRUTAMENTO

O recrutamento pode ser: interno, externo e misto.

2.1 Recrutamento interno

O recrutamento interno ocorre quando a divulgação das vagas é feita dentro da própria empresa.

Muitas empresas adotam a política de promoção automática por meio de um plano de carreira e/ou avaliação de desempenho. Porém, muitas vezes, têm mais colaboradores com perfil para a vaga do que vagas em aberto; então, inicia-se o recrutamento interno para que os colaboradores com os pré-requisitos para a vaga participem do processo seletivo.

O recrutamento interno tem como vantagem ser econômico, pois a divulgação se dá dentro da própria empresa. Em função de os candidatos serem da empresa e estarem adaptados à cultura organizacional, o processo torna-se mais rápido e aponta uma relação positiva entre empregado e empresa, já que esta, ao fazer o recrutamento interno, se mostra dando oportunidades a seu público interno.

As principais técnicas para divulgar a vaga internamente podem ser: jornal interno, *intranet*, banco de dados dos colaboradores, cartazes divulgados em pontos estratégicos dentro da empresa, memorandos internos para as lideranças comunicarem à sua equipe ou a divulgação na plataforma da empresa.

QUADRO 4.1 Modelo de divulgação interna de vagas

Caros Colaboradores,
Precisamos de (nome do cargo), com experiência em (resumo das tarefas) e que seja (perfil de *soft skills*). Se você tem esse perfil, se inscreva em nossa plataforma de recrutamento e seleção.

ATENÇÃO!

As plataformas *on-line* de recrutamento interno também publicam e/ou enviam mensagens sobre as vagas abertas oferecendo oportunidade para os colaboradores se candidatarem.

Figura 4.3 Técnicas de recrutamento interno

Principais técnicas de Recrutamento Interno
Intranet	Banco de dados dos colaboradores	Cartazes na empresa	Memorandos para chefias divulgarem	Plataformas de recrutamento interno

2.2 Recrutamento externo

Recrutamento externo é o processo de divulgação das vagas fora da empresa com o objetivo de captar pessoas com o perfil desejado por ela.

Tem como vantagem atrair sangue novo para a organização porque são candidatos com novos talentos, habilidades e expectativas e, muitas vezes, já treinados por outras empresas. Renova o quadro de pessoal e a cultura da organização. Seu custo varia de acordo com a técnica escolhida (honorários de assessorias, consultorias; despesas com deslocamento dos candidatos, entre outras). É menos seguro e pode gerar desconforto para os atuais colaboradores da organização.

2.3 Recrutamento misto

O recrutamento misto ocorre quando, no mesmo processo, a empresa faz uso tanto do recrutamento interno quanto do externo para divulgar suas vagas, podendo ser *on-line* ou não. Por exemplo, um colaborador interno deslocado para outra posição na empresa gera uma vaga que precisa ser preenchida, por meio do recrutamento externo.

Figura 4.4 Tipos de recrutamento

3. TÉCNICAS DE RECRUTAMENTO EXTERNO

As técnicas de recrutamento externo, ou seja, usadas para recrutar candidatos fora da empresa, podem ser digitais *on-line* e/ou presenciais. São elas:

> **ATENÇÃO!**
>
> É imprescindível a leitura do Capítulo 1 para entender as tecnologias utilizadas no recrutamento.

3.1 Job boards

São plataformas digitais *on-line* de vagas que possibilitam anunciar uma vaga ou se candidatar a ela.

É imprescindível que a descrição do perfil do cargo seja clara, pois a seleção é feita pela plataforma. Quando a descrição do cargo é bem-feita, a margem de erro é pequena. Ressalte-se que a margem de erro da seleção feita pela Inteligência Artificial, usada nas plataformas, é menor do que a humana.

As *job boards* são utilizadas por assessorias e consultorias em R&S, plataforma "Trabalhe Conosco", empresas especializadas em captar jovens aprendizes e estagiários, empresas especializadas em vagas para *trainees*, e redes sociais.

3.1.1 Assessorias em R&S

São empresas contratadas para fazer o recrutamento e a seleção preliminar, encaminhando os candidatos mais próximos do perfil desejado pela empresa contratante para que ela faça a seleção.

O cliente é a empresa contratante, e por isso paga o custo do processo, enquanto o candidato fica isento.

3.1.2 Consultorias

São aquelas que buscam, para as empresas clientes, profissionais para as suas vagas e fazem tanto o recrutamento como a seleção. Com o perfil do cargo do futuro colaborador (incluindo as *soft skills*), da cultura e das competências organizacionais da empresa contratante, as consultorias realizam, por meio de suas plataformas, o recrutamento e a seleção. Seu custo é maior do que o da assessoria porque, além do recrutamento, elas fazem a seleção, que pode ou não ser 100% *on-line*. É importante ressaltar que a Inteligência Artificial é capaz de reconhecer a fala, usar vários meios para obter informações dos candidatos que estão na internet (como textos, imagens, voz, pesquisas frequentes, filmes que assiste e outras informações), cruzando dados para a tomada de decisão, com uma margem pequena de erro.

As consultorias podem ser:

- Genéricas, que buscam por profissionais de qualquer cargo e segmento.
- Especializadas em determinado segmento, como, por exemplo, para profissionais de informática, engenharia, arquitetura, modelos e outros segmentos.

A empresa contratante pode optar ou por ter a sua própria plataforma no "Trabalhe Conosco", que evoluiu junto com a tecnologia, ou usar a plataforma da empresa contratada.

LINK

Leia a reportagem

"DHL, Lojas Americanas e mais de 21 empresas com vagas de estágios e *trainees*". Aponta algumas empresas com inscrições o ano inteiro pela *job board* da empresa contratante ou de assessorias, consultorias e empresas especializadas em estágios e *trainees*.

Fonte: https://exame.com/carreira/dhl-lojas-americanas-e-mais-21-empresas-com-vagas-de-estagio-e-trainee/. Acesso em: 16 dez. 2019.

https://uqr.to/i5fd

É de extrema importância que, antes de contratar consultorias, seja averiguada sua idoneidade. Infelizmente, há muitas no mercado que não agem de maneira correta. Deve-se verificar quais empresas a consultoria já atendeu e entrar em contato com elas para saber sobre a qualidade e ética nos serviços prestados.

3.1.3 Trabalhe conosco

Quando a empresa tem a sua própria plataforma de recrutamento em seu *site*. O processo pode ser tanto interno como externo, assim como a seleção pode ser preliminar, parte ou 100% dela.

LINK

Leia a reportagem:

"Ambev oferece trabalhe conosco para quem deseja enviar currículo". Note que a inscrição tem que ser feita pelo "trabalhe conosco" e a empresa não aceita currículo na portaria.

Fonte: https://n1n.com.br/ambev-oferece-trabalhe-conosco-para-quem-deseja-enviar-de-curriculo/. Acesso em: 15 dez. 2019.

https://uqr.to/i5fe

Exemplo

A Consultoria Beleza e Elegância é uma consultoria especializada em modelos femininos e masculinos que está buscando por profissionais para feiras e eventos em todo o Brasil. É imprescindível a disponibilidade para viajar por tempo indeterminado. Treinamos de acordo com o perfil exigido para o evento. Cadastre o seu currículo em www.cbl.com.br/trabalhe-conosco.

3.1.4 Empresas especializadas em captar Jovem Aprendiz

Aprendiz, ou Aprendiz Legal, é um programa de aprendizagem e formação profissional, regulamentado em 2005 pelo governo federal, a partir da aprovação da Lei nº. 10.097/2000, conhecida como Lei da Aprendizagem, que visa à capacitação profissional de adolescentes e jovens, de 14 a 24 anos incompletos. Quando o jovem completa 24 anos, ele é automaticamente excluído do projeto. É necessário que o aprendiz esteja matriculado ou cursando o ensino fundamental ou médio, e tenha direito a um salário mínimo proporcional por hora. O aprendiz poderá ficar no programa até 2 anos.

O contrato de trabalho de aprendizagem é especial, firmado por escrito, e tem como característica o compromisso do empregador em assegurar, aos inscritos no Programa, a formação técnica e profissional. A lei determina ainda que as empresas de médio e grande porte devem ter de 5 a 15% entre seus funcionários.

> **LINK**
>
> Com relação à fiscalização do cumprimento das normas relativas à aprendizagem profissional, leia a Instrução Normativa n. 146, de 25 de julho de 2018.
>
> Fonte: https://www.in.gov.br/materia/-/asset_publisher/ Kujrw0TZC2Mb/content/id/34730621/do1-2018-07-31-instrucao-normativa-n-146-de-25-de-julho-de-2018-34730599. Acesso em: 17 dez. 2019.

https://uqr.to/i5ff

Para contratar um jovem aprendiz, a empresa deve se cadastrar com a orientação de uma instituição de ensino que faça parte do Cadastro Nacional de Aprendizagem. O recrutamento pode ser feito pela instituição de ensino, pela própria empresa que deseja cumprir suas demandas e responsabilidade social, ou por uma empresa especializada em Jovem Aprendiz.

3.1.5 Empresas especializadas em captar estagiários

O estágio visa à preparação do aluno para a vida profissional. É o momento em que ele poderá pôr em prática o que está estudando.

O estágio faz parte do projeto pedagógico do curso, e poderão estagiar os alunos de ensino regular, ou seja, superior, educação profissional, médio, educação especial e dos anos finais do ensino fundamental na modalidade profissional da educação de jovens e adultos. Para fazer estágio, o aluno tem que, obrigatoriamente, estar matriculado e frequentando as aulas.

O estágio pode ser obrigatório, quando ele é requisito para o aluno se formar, sendo a bolsa e o auxílio transporte optativos, ou seja, a empresa paga se desejar. Quando o estágio não é obrigatório, mas sim optativo (o aluno opta por fazê-lo e não precisa dele para se formar), deve ser remunerado pela empresa contratante.

O recrutamento pode ser feito por empresas especializadas em estagiários ou pela empresa que deseja contratá-los. Em geral, são afixados cartazes nas instituições de ensino regular, informando sobre a vaga e passando o *link* para inscrição.

LINKS

Leia a reportagem:

"Ministério do Trabalho publica a nova cartilha do estágio", postada pela empresa Estagiarios.com em 18/12/2019, com informações mais detalhadas sobre a nova Lei do Estágio.

Fonte: https://www.estagiarios.com/noticias_view.asp?id=59. Acesso em: 18 dez. 2019.

https://uqr.to/i5fg

Exemplos de busca em *site* especializado em estágio:
Fonte: https://www.superestagios.com.br/index/vagasEstagio.php.
Acesso em: 15 dez. 2019.

https://uqr.to/i5fh

Fonte: https://www.nube.com.br/estudantes/vagas. Acesso em: 19 dez. 2019.

https://uqr.to/i5fj

O aluno geralmente fica sabendo da vaga por meio de pesquisas na internet ou de cartazes que as empresas colocam na instituição de ensino, com a orientação para que se inscreva no *site* da empresa (*job board*).

3.1.6 Empresas especializadas em captar *trainees*

Trainee são pessoas recém-formadas, a maioria sem experiência, que almejam uma vaga em sua área de formação. A vaga pode ser divulgada pela empresa contratante ou por uma empresa especializada em vagas para *trainee*. Em ambos os casos, a vaga é divulgada em seus *sites* e em cartazes afixados em faculdades e universidades, com o objetivo de atrair alunos que estão se formando. Os alunos são orientados a se inscreverem no *site* da empresa da empresa contratante ou da especializada em vagas para *trainees*.

Segue exemplo de divulgação em cartazes divulgados em faculdades ou universidades.

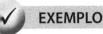

EXEMPLO

A Indústria e Comércio Saúde Segura Sempre Tranquila está abrindo inscrições para o seu Programa de *Trainees*, no período de 7 a 31 de agosto, para alunos do último semestre de graduação em Administração. Para maiores informações e inscrições, acesse o *site* www.icsst.com.br.

Uma mesma empresa especializada pode trabalhar com contratação para o programa "Jovem Aprendiz", estágio e programas de *trainee*.

LINKS

Confira os materiais:

1. Para saber mais detalhes sobre *trainees*:
   Fonte: https://www.estagiotrainee.com/programa-trainee.
   Acesso em: 15 dez. 2019.

https://uqr.to/i5fl

2. Assista ao "Vídeo Case *Trainee* Nestlé 2018".
   Fonte: https://www.youtube.com/watch?v=MJhHtoZHbUA.
   Acesso em: 30 nov. 2019.

https://uqr.to/i5fn

3.1.7 Redes sociais

Muitas empresas usam suas próprias redes sociais para divulgar suas vagas, orientando os interessados a se inscreverem em seus *sites*.

O LinkedIn é uma rede social com grupos de discussões para as mais variadas áreas. Muitos selecionadores, em busca de candidatos desejados, entram em tais grupos para observar como as pessoas se comportam em suas discussões e o que sabem. O LinkedIn ainda oferece programas adequados para encontrar candidatos para as empresas.

Figura 4.5 Tipos de *job boards*

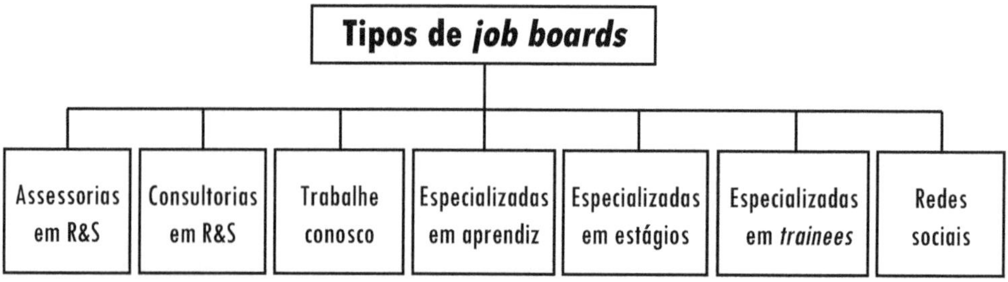

```
                    Tipos de job boards
   ┌──────────┬──────────┬─────────┬──────────┬──────────┬──────────┬──────────┐
Assessorias Consultorias Trabalhe Especializadas Especializadas Especializadas Redes
  em R&S     em R&S     conosco  em aprendiz  em estágios   em trainees    sociais
```

3.2 Outras técnicas de divulgação de vagas

3.2.1 *Headhunters*

São profissionais autônomos ou consultorias especializadas em captar pessoas que ocuparão cargos no topo da pirâmide organizacional (presidentes, vice-presidentes, superintendentes e diretores). Esse tipo de consultoria é a opção de empresas que procuram por profissionais escassos no mercado de trabalho e que, muitas vezes, não podem divulgar suas vagas porque seus candidatos potenciais trabalham em empresas concorrentes. Assim, contratam profissionais especializados em negociações (*headhunters*), que, frequentemente, convidam executivos de uma empresa para alocá-los em outra cuja oferta de trabalho é mais atraente.

SAIBA MAIS

Em muitos casos, as empresas sabem onde estão os executivos que precisam e contratam esse tipo de consultoria para fazer a negociação. Em outros, como os *headhunters* são bem relacionados e sabem onde estão os executivos que a empresa precisa, ela os contrata para negociar a vaga.

O *headhunter* destaca-se do consultor de R&S pelos contatos pessoais que possui e pelo seu perfil cultural e carreira profissional. É alguém com presença constante em eventos culturais, esportivos ou em encontros internacionais utilizados como ponto de encontro pelos altos executivos. Seu trânsito entre os presidentes de grandes organizações é tão garantido quanto seus almoços semanais com esses mesmos executivos (MARRAS, 2002, p. 76).

3.2.2 Programa "Portas Abertas" (ou Casa Aberta)

Algumas empresas contatam pessoas da comunidade, estudantes do último ano da graduação, de acordo com o seu segmento ou grupos específicos de profissionais, e os convidam para conhecerem suas instalações. Oferecem um café da manhã ou almoço e, ao término da visita, perguntam se os visitantes gostaram da visita e se gostariam de preencher seus dados no *site* da empresa, de modo a serem considerados em um processo seletivo futuro.

Uma versão moderna do programa "Portas Abertas" é o "*Job Experience Day*", em que o candidato pode escolher uma empresa e passar um dia em suas instalações.

LINK

Leia o texto "Viva seu sonho profissional – Experimente antes e decida depois – Trabalhe na empresa dos seus sonhos".

Fonte: https://www.ciadeestagios.com.br/job-experience-day/.
Acesso em: 30 nov. 2019.

https://uqr.to/i5fo

EXEMPLO

Um frigorífico preenchia as suas vagas com os candidatos que eram aprovados em seus processos seletivos. Porém, pouco tempo após a contratação, os novos colaboradores acabavam pedindo demissão em decorrência do tipo de ambiente de trabalho (muito sangue, abate de animais e mau cheiro). Para reduzir a rotatividade dos recém-contratados, a empresa usou o Programa Portas Abertas para que as pessoas interessadas em trabalhar lá conhecessem o frigorífico para depois se candidatarem às vagas em aberto. Após o Programa, a rotatividade dos recém-contratados diminuiu significativamente.

3.2.3 Empresas do mesmo segmento

As organizações têm considerado as empresas do mesmo segmento mais parceiras do que concorrentes, e têm se ajudado quando precisam de profissionais qualificados para as vagas em aberto. Muitas vezes, o fato de profissional ser tão específico dificulta encontrá-lo no mercado de recursos humanos.

> Essa fonte permite estabelecer um vínculo de cooperação mútua, na medida em que adota o princípio da reciprocidade. O pedido de colaboração deve ser esporádico e realizado quando se encontra dificuldade de identificar candidatos que apresentamos requisitos exigidos pela vaga. Caso contrário, o profissional de recrutamento corre o risco de ser perseguido como acomodado e de perder a oportunidade de utilizar essa fonte quando houver real necessidade (CARVALHO, 2009, p. 65).

3.2.4 Feiras e eventos

Por serem direcionadas a profissionais específicos, são excelentes fontes quando oferecem oportunidades de encontrar candidatos potenciais às vagas em aberto.

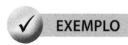

A Reatech – Feira Internacional de Tecnologia em Reabilitação, Inclusão e Acessibilidade – há mais de uma década oferece vários produtos, serviços e atrações voltadas às pessoas com deficiência, o que incluía participação de várias empresas recrutando profissionais com essas características. Acesse o *site* oficial da feira.

Fonte: https://reatechbrasil.com.br/16/. Acesso em: 15 dez. 2019.

https://uqr.to/i5fp

3.2.5 Contato com sindicatos e associações de classe

Quando a empresa necessita de um profissional de determinada categoria, pode recorrer aos sindicatos ou associações de classes, que têm interesse em colaborar com os seus associados.

Amanda trabalha na empresa Jovem Esportivo, que, no momento, está se reestruturando e não possui orçamento para recrutamento e seleção de pessoas, mas precisa com urgência de um contabilista. Amanda procurou sua amiga Bianca, que trabalha no recrutamento e seleção de outra empresa, e perguntou como ela poderia encontrar tal profissional com pouco recurso financeiro. Bianca sugeriu que ela procurasse uma associação de classe ou sindicato de contabilidade. Amanda conseguiu preencher sua vaga sem nenhum custo.

3.2.6 Indicação de colaboradores ou *networking*

São redes de relacionamentos profissionais em que um profissional indica o outro por conhecer suas qualificações. Jamais indica alguém simplesmente por estar desempregado ou por troca de favores.

A certeza de que o diploma não garante conhecimentos e habilidades e a falta de profissionais qualificados têm contribuído para que as empresas criem uma cultura de *networking*. Entre chamar alguém por meio de currículo e alguém cujo perfil é conhecido, as empresas têm percebido melhores resultados no segundo caso.

Para dar maior seriedade ao *networking*, muitas empresas têm adotado a prática de, em caso de contratação, incluir no registro do indicado quem o indicou e vice-versa, ou oferecer uma quantia em dinheiro para o colaborador que apresentou alguém que se ajustou ao perfil da vaga.

QUADRO 4.2 Modelo de divulgação de vagas por *networking* ou indicação

> Caros Colaboradores,
> Precisamos de (nome do cargo), com experiência em (resumo das qualificações). Se você conhece alguém que realmente tenha esse perfil, peça para entrar em contato com o nosso departamento de recrutamento e seleção.

3.2.7 Placas colocadas na entrada da empresa

As placas na porta da empresa são destinadas aos cargos que exigem menos qualificação, como, por exemplo, ajudantes de caminhão, ajudantes de cozinha etc., tendo como objetivo atrair pessoas que moram nas imediações da empresa a um custo baixo (as despesas limitam-se à confecção da placa). Em épocas de recessão, provocam filas na porta da empresa e atraem muitos candidatos, embora poucos direcionados ao cargo.

A seguir, um exemplo de placa afixada na porta de uma empresa:

QUADRO 4.3 Modelo de placa na porta da empresa

> Estacionamento Tranquilo
>
> Admite
>
> Manobristas

3.2.8 Serviços de alto-falantes

A divulgação em alto-falantes é feita nas imediações da empresa, com o objetivo de atrair pessoas que morem ao redor. Também destina-se a cargos que exigem menos qualificação, e, na maioria das vezes, quando há necessidade de se recrutar muitas pessoas.

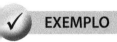
EXEMPLO

> A Sempre Bela Roupas, Calçados e Assessórios Femininos, localizada no Shopping Nova Era, está recrutando vendedores temporários e caixas para trabalharem no período de 20 de novembro a 10 de janeiro. Os interessados deverão comparecer na loja munidos de documentos.

Figura 4.6 Outros meios de divulgação de vagas

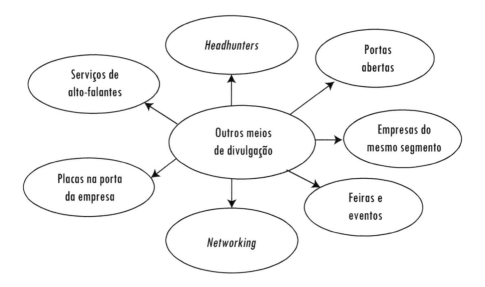

4. MÉTRICAS DO RECRUTAMENTO

O recrutamento é medido pelo número de currículos enviados em papel ou preenchidos no *site* da empresa sugeridos pela plataforma da empresa ou de assessorias, e que realmente preencham o perfil das vagas disponíveis.

 EXEMPLOS

A empresa Arquitetura Sempre divulgou uma vaga para arquitetos em uma revista especializada em arquitetura, e recebeu 400 inscrições para a vaga em seu *site*, porém destes apenas quatro (1%) realmente se enquadravam no perfil desejado por ela. Embora houvesse respostas (recebimento das inscrições) que estivessem adequadas à vaga, o percentual demonstra que o recrutamento não foi adequado.

Já Ana Lúcia, recrutadora da Indústria e Comércio Alimentos Verdes Vales, precisava de faxineiros, e divulgou a vaga por meio da técnica da placa na porta da empresa. Não conseguiu atrair nenhum candidato. Mudou a nomenclatura do cargo para ajudante geral e, para a sua surpresa, atraiu vários candidatos. Nesse caso, acertou na técnica (a placa), mas não na nomenclatura do cargo. A empresa Arquitetura Sempre deverá rever o conteúdo da divulgação, a técnica utilizada para a divulgação da vaga e a nomenclatura do cargo.

O Quadro 4.4 sugere um resumo dos dados que permitem a medida e a avaliação de um recrutamento.

QUADRO 4.4 Funil do recrutamento

Referências	Resultado
Vaga para:	
Número de vagas:	
Meio de divulgação:	
Total de candidatos:	
Número de candidatos com o perfil da vaga:	
% de candidatos com o perfil em relação ao total de candidatos:	

Muitas empresas, de acordo com suas necessidades, elaboram interessantes estratégias de recrutamento, como no caso a seguir:

> Uma indústria situada em um bairro estava com dificuldades em atrair pessoas das imediações para trabalhar nela. O departamento de recursos humanos teve a ideia de colocar uma perua, com equipamentos odontológicos e dois dentistas, para atender a população das imediações. Cada dia da semana a perua ficava em um ponto estratégico do bairro, na avenida principal, próximo ao mercadinho, perto da padaria, enfim, em lugares onde circulava o maior número de pessoas do bairro. Os dentistas faziam coisas simples, como pequenas obturações ou extrações dentárias. Logotipos grandes da empresa foram colocados na perua para que as pessoas associassem a indústria com os serviços gratuitos de odontologia. Em poucas semanas, a empresa começou a ter filas de candidatos para as suas vagas (BANOV, 2013, p. 22).

O recrutamento se encerra com a chegada de currículos ou inscrições nas plataformas (da própria empresa ou de empresas contratadas), dando início ao processo de seleção.

RESUMO

Esse capítulo abordou recrutamento, definido como as técnicas utilizadas pelas organizações para a divulgação de suas vagas, de modo a atrair candidatos por elas desejados.

Descreveu as etapas do recrutamento – coleta de dados, planejamento, execução e avaliação do recrutamento – e abordou os tipos de recrutamento (interno, externo e misto) e os meios de fazê-la (físicos ou *on-line*).

Também foram detalhadas as técnicas de recrutamento, desde as tradicionais ainda presentes no atual contexto até as digitais *on-line*. Explicou como medir um recrutamento e o que fazer quando os resultados não são os esperados.

EXERCÍCIOS DE FIXAÇÃO

1. Você quer contratar uma plataforma de recrutamento para a sua empresa que conta com 700 colaboradores, e terá que fazer uma apresentação para a diretoria. Que argumentos você usaria para convencer que determinada plataforma seria uma boa alternativa?

2. O necrotério de um hospital particular está tendo dificuldades na contratação de colaboradores. Surgem candidatos atraídos pelos salários e benefícios, mas, quando contratados, ficam poucos dias e pedem a conta. O hospital tem usado sua rede social para a divulgação da vaga. Que outra técnica de recrutamento, mais estratégica para o tipo de vaga, poderia ser usada? Justifique sua escolha.

3. A empresa Contente abriu uma vaga para assistente administrativo e a publicou em sua rede social. Recebeu 674 currículos, porém apenas dez realmente se enquadravam no perfil desejado. Como foi o recrutamento? Que estratégia ela deverá adotar?

4. Quais são os motivos que levam a empresa a abrir o recrutamento interno? Quais são as suas vantagens?

5. Explique como funcionam as *job boards*.

PARTE 3

Seleção

CAPÍTULO 5

Seleção

Assista ao vídeo da autora sobre este capítulo

https://uqr.to/i5fq

Objetivos do capítulo

- Definir seleção de pessoas.
- Abordar as técnicas de seleção de pessoas e os seus instrumentos.
- Conhecer as plataformas de seleção de pessoas.
- Identificar tipos de currículo e analisá-los.
- Detalhar as técnicas e os tipos de entrevistas.
- Identificar os tipos de teste usados na seleção.
- Escolher a dinâmica de grupo ou o jogo adequado para a vaga em aberto.
- Comparar os candidatos, e elaborar e interpretar laudos de seleção.
- Conhecer o processo seletivo para pessoas com deficiência e trabalhadores remotos.
- Compreender as métricas do processo seletivo.

Contextualização

Leandro, gestor da equipe de vendas da Confecção de Roupas Esportivas Sol Forte, solicitou à Marilice, selecionadora da empresa, que abrisse uma vaga para um vendedor em substituição de um colaborador de sua equipe que se aposentou.

Marilice fez a divulgação da vaga, teve muito retorno, mas poucos candidatos direcionados ao perfil do cargo desejado pela empresa. Fez uma pré-seleção e, embora tivesse apenas dois candidatos com o perfil, escolheu cinco e os enviou a Leandro para que ele fizesse a escolha.

> Leandro escolheu Álvaro, um candidato que estuda na mesma faculdade que ele estudou, há 20 anos. A entrevista entre ele e o candidato foi em relação à faculdade, o quão boa ela era, os poucos professores antigos que ainda permaneciam entre outros. Leandro aprovou Álvaro, que, depois de um mês de contrato de trabalho, foi demitido pelo próprio Leandro, pois não se enquadrava na cultura da empresa nem na sua gestão.
>
> A falta de preparo e o critério de seleção (ser da mesma faculdade) fizeram com que Leandro não observasse as várias inadequações apontadas por Marilice e presentes na entrevista com ele.

Se as pessoas são diferentes e as empresas também, buscar a pessoa certa para o lugar certo é o objetivo básico da seleção de pessoas.

Trata-se de um processo de escolha, dentre os candidatos que responderam ao recrutamento (enviando os seus currículos ou se inscrevendo em plataformas), daqueles que mais se aproximam do perfil de cargo desejado pela empresa.

No processo, serão consideradas as diferenças individuais, o cargo (ou o que vier a substituí-lo), a cultura da empresa e os objetivos organizacionais, que, combinados, tentam ajustar pessoa-empresa.

ATENÇÃO!

Lembre-se de que o formato de cargo tal qual conhecemos hoje tende a desaparecer, porém o que vier a substituí-lo deverá levar em consideração as diferenças individuais, a cultura da empresa e os objetivos organizacionais, indispensáveis para ajustar o colaborador à empresa.

1. TÉCNICAS DE SELEÇÃO

As empresas baseiam-se no perfil do cargo e nas *hard* e *soft skills* adequadas ao seu propósito e à sua cultura para estabelecerem os seus critérios de seleção. Muitas definem outros critérios em decorrência de sua história.

É importante o selecionador observar tais critérios que não estão presentes no perfil do cargo, mas que são significativos para as empresas, averiguando seus reais motivos, pois o mesmo critério pode ter significados diferentes de uma empresa para outra.

EXEMPLOS

O novo Hotel Maravilha, de alto nível, contratou como camareiras mulheres jovens e bonitas, para ser compatível com a beleza do hotel. Porém, a empresa teve vários problemas com o assédio por parte de seus hóspedes. Passou a contratar mulheres menos atraentes e resolveu o problema, diminuindo significativamente o assédio. Esse perfil passou, desde então, a ser o seu critério principal na seleção de pessoas para o cargo de camareira. Tal critério jamais foi divulgado oficialmente (por questões legais), mas os selecionadores tinham conhecimento e o cumpriam.

Fabiana, selecionadora da Agência de Empregados Domésticos Lar Feliz, recebeu uma mulher que procurava por uma babá, mas a babá não poderia ser jovem e bonita, pois tinha ciúmes do marido. Outra mulher pediu ao mesmo selecionador uma babá jovem e bonita, pois participava de muitas reuniões sociais e levaria a babá.

As técnicas completas (ou etapas) de um processo de seleção compreendem: análise de currículo (físico ou *on-line*), entrevista (presencial e/ou por Skype ou outros meios), aplicação de testes, dinâmicas de grupo e/ou jogos empresariais e exame médico específico.

1.1 Análise de currículo (físico e *on-line*)

Currículo ou *curriculum vitae*, expressão latina que significa curso de vida, é um documento elaborado pelo candidato contendo informações sobre: dados pessoais, objetivo profissional, escolaridade, experiência profissional, entre outros dados que referenciam o profissional. São voltados para as *hard skills*. Eles podem ser físicos (em papel) ou digitados em plataformas.

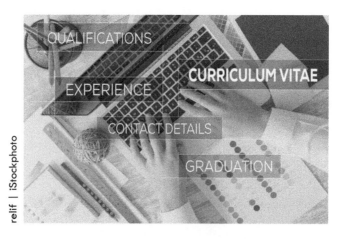
relif | iStockphoto

Por meio do conhecimento dos requisitos pertinentes ao cargo, é possível verificar, nos currículos físicos e *on-line*, as pessoas que mais se aproximam do perfil de cargo desejado pela empresa, pois os currículos fornecem dados que possibilitam o levantamento de algumas hipóteses quanto às competências ou *skills* dos candidatos. Selecionam-se, então, pessoas com ou próximas ao perfil para participar das demais etapas do processo de seleção.

1.1.1 Tipos de currículo

Os currículos podem ser:

- **Currículo simplificado:** em geral, de uma página e meia (em média), onde o candidato resume sua trajetória.

A seguir, dois modelos de currículo simplificado:

MODELO 1 CURRÍCULO FUNCIONAL (O CONJUNTO DE TAREFAS APARECE NO INÍCIO DO CURRÍCULO)

RITA DE CÁSSIA QUEIRÓZ[1]

Rua Monte Alegre, 220, ap. 31 – 0556-002 – São Paulo – SP.
Tel.: (11) 5864.4433 Cel.: (11) 9552.1922
E-mail: rcqueiroz@ig.com.br
Brasileira, solteira, 24 anos

OBJETIVO PROFISSIONAL: Auxiliar Contábil

EXPERIÊNCIA PROFISSIONAL:[2]

- Classificação de notas fiscais.
- Conciliação de contas contábeis.
- Lançamento de informações no sistema contábil.
- Gerenciamento e controle de vencimentos de faturas por notas.
- Emissão de impostos (ICMS, IPI, PIS, Confins, CSLL, IRPJ, IRPF etc.).
- Conciliação bancária com o fluxo de caixa.
- Manutenção do departamento provido de materiais de escritório.

HISTÓRICO PROFISSIONAL:

- Jan./2015 até o presente: Auxiliar Contábil.
  Assessoria Contábil Modelo – Guarulhos – SP.
- Jan./2014 até dez./2014: Auxiliar Administrativo.
  KYP Empresa de Transportes Ltda.

---

[1] Os nomes e dados utilizados nos currículos e cartas currículo são fictícios. Qualquer semelhança é mera coincidência.
[2] Este item aparece nos currículos com vários títulos, tais como: Qualificação Profissional, Resumo das Qualificações, Resumo de Competências e outros, que evidenciem a experiência do candidato.

FORMAÇÃO EDUCACIONAL:[3]

- Graduação em Ciências Contábeis.
  Faculdade Excelência em Ciências Contábeis. São Paulo – SP.
  Cursando o primeiro semestre.

Cursos Extracurriculares:

- Prática de Escrituração Fiscal Digital–SPED–EFD(ICMS/IPI) CENIFISCO – Ago./2019 – 4h.
- Fluxo de Caixa – SEBRANTE – Curso a Distância – Mar./2019 – 12h.
- Prática de faturamento e emissão de notas fiscais (Regras para emissão de notas fiscais) – Cenifisco – Nov./2019 – 8h.

Idiomas:

- Inglês fluente.
- Espanhol instrumental.

OUTRAS INFORMAÇÕES:

- Intercâmbio cultural em Londres, julho/2017.
- Trabalho voluntário – Educação para a terceira idade – Igreja Rosa Maria – Professora – de jan./2010 até o presente.

São Paulo, dezembro de 2019.

MODELO 2 CURRÍCULO CRONOLÓGICO (O CONJUNTO DE ATIVIDADES APARECEM EM ORDEM CRONOLÓGICA, DA ÚLTIMA EMPRESA QUE O CANDIDATO TRABALHO PARA A PRIMEIRA)

ANA MARIA DA SILVA

Rua General Pacciolo, 1098, ap. 4 – 39 anos
03452-130 – São Paulo – SP – Brasileira
Tel.: (11) 5563.4349 – Cel.: 9552.7499 – Casada
E-mail: amdasilva@ig.com.br

---

[3] Outros termos para este título são: Formação Acadêmica, Escolaridade e outros, que indiquem o que o candidato estudou.

OBJETIVO PROFISSIONAL: Executiva Financeira

FORMAÇÃO ACADÊMICA:

- MBA em Administração, Finanças e Negócios Internacionais (New York University), EUA, 2014.
- Especialização em Finanças – Instituto Brasileiro de Ciências Econômicas, 2011.
- Graduada em Ciências Econômicas pela Universidade de São Paulo, 2000.

IDIOMAS: Inglês e espanhol fluentes.

EXPERIÊNCIA PROFISSIONAL:

1) IPY TELECOMUNICAÇÕES S.A.

Gerente de Regulação Econômica (jan./2013 – dez./2019)

Principais atividades:

- Acompanhamento do equilíbrio econômico-financeiro de contratos, negociação de revisões e reajustes.
- Processo de revisão de tarifas que gerou aumento dos resultados em US$ 30,000.00 anuais.[4]
- Negociações como governo federal que permitirá uma recuperação de perdas setoriais de aproximadamente R$ 5 bilhões.

Gerente de Planejamento Estratégico (jan./2010 – dez./2012)

Principais atividades:

- Desenvolvimento do plano estratégico da empresa e avaliação de novas oportunidades de negócios.
- Negociação de contratos e parcerias para a implementação da centralização das operações, inclusive para os sistemas de Tecnologia da Informação e Telecomunicação.
- Contratação, treinamento e desenvolvimento de equipes de trabalho.

2) MINERAÇÃO SERRA DA ESTRELA S.A.

Gerente de Investimentos (jan./2005 – dez./2009)

Principais atividades:

- Avaliação de projetos de investimentos.
- Atuação em projetos envolvendo Brasil, Paraguai, Uruguai e Argentina na comercialização de diversos tipos de minérios, visitando empresas destes países.

---

[4] As empresas apreciam currículos que mostrem resultados.

- Aprovação em um projeto de US$ 7 bilhões para a produção e comercialização internacional de vários tipos de minérios.
- Análise de projetos de vários países que não demonstraram viabilidade econômica.

3) MINERAÇÃO ACARAJÉ S.A.

Gerente Financeiro (jan./2000 – dez./2004)

Principais atividades:

- Responsável pela Tesouraria.
- Operações de arbitragem, financiamento de exportação e investimentos.
- Resultado de operações de arbitragem na margem de US$ 20 milhões.
- Desenvolvimento do sistema de gestão de risco.
- Revisão de análise da estrutura de financiamento de projetos, projeção e análise de fluxo de caixa.
- Gestão e desenvolvimento de equipes.
- Implementação do sistema de pagamento eletrônico, gerando uma redução de 50% do quadro da tesouraria e 80% no tempo de aprovação dos pagamentos.

São Paulo, dezembro de 2019.

ATENÇÃO!

Lembre-se de que o currículo digital *on-line*, em plataformas *job board*, contém as mesmas ou semelhantes informações. A diferença é que as empresas solicitam o preenchimento dos dados na plataforma.

Algumas, inclusive, já aceitam currículos enviados (não digitados *on-line*), pois possuem *softwares* que os leem.

- **Carta de apresentação ou carta currículo:** é um documento escrito no formato de uma carta onde os candidatos apresentam suas *skills* e os resultados alcançados nas organizações em que trabalharam.

Algumas empresas, em seus processos seletivos, solicitam aos candidatos uma carta de apresentação. Nestas, os selecionadores têm a oportunidade de averiguar quais *skills* são valorizadas pelos candidatos e os resultados que trouxeram às empresas onde trabalharam. Apreciam também a redação, a estética do documento e o português.

A seguir, modelos de carta currículo ou carta de apresentação:

MODELO 1

São Paulo, 28 de novembro de 2019.

KWY INDUSTRIAL S.A.

Av. Senador Filho, 828
São Paulo – SP
At.: Diretoria Financeira

Prezados Senhores:

Formei-me recentemente em Administração de Empresas e Economia pela Universidade de São Paulo. Falo fluentemente o inglês e o francês. Tenho interesse em obter uma colocação em sua empresa como analista financeiro. Acredito que a KWY possa se interessar pelas minhas qualificações.

Além de minha formação universitária, fiz quatro estágios. Ultimamente, fui estagiário na ZAZ Embalagens S.A. Nesse estágio, abria e acompanhava as ordens de fabricação. Aloquei os custos para tais ordens e fui responsável pela elaboração de custos para o setor de fabricação. Trabalhei, também, na atualização dos custos de estoques segundo os custos de reposição.

Fiz dois estágios no grupo Papel Jardim S.A. No último, trabalhei em pesquisa de dados junto à Associação dos Fabricantes de Papel para elaboração de estimativas de produção, vendas, exportações e estoques de papéis. No estágio anterior, trabalhei na Papel Estrela, que é associada à Papel Jardim. Fiz elaboração de fluxo de caixa, previsões necessárias de fundos adicionais para o semestre. Também coletei dados para a elaboração do orçamento da empresa.

Meu primeiro estágio foi na Açotin S.A. Neste, fazia o acompanhamento, mês a mês, dos custos de cada peça fabricada em cada setor. Elaborei os orçamentos segundo custos padrões estabelecidos pela empresa. Controlei as entradas de peças produzidas para a venda e de outros equipamentos e materiais do almoxarifado.

Acumulei um razoável conhecimento, na área de custos, em meus estágios. Gostaria de aprimorar esses conhecimentos trabalhando em seu departamento de custos ou como analista financeiro em outra área.

Tenho 25 anos, sou brasileiro e solteiro. Ofereço o entusiasmo de um jovem que quer trabalhar e desenvolver uma carreira ambiciosa.

Aguardo a oportunidade de um horário, de conveniência, para uma entrevista pessoal ou por Skype.

Atenciosamente,

JOSÉ ANTÔNIO DA SILVA

MODELO 2

São Paulo, 17 de dezembro de 2019.

MVM S.A.

Av. Senador Queiróz, 828
Rio de Janeiro – RJ
At.: Diretoria Comercial

Prezados Senhores:

Sou executivo com vasta experiência em gerência geral e comercial. Tenho mais de 16 anos de experiência em empresas de grande porte, como a 3M do Brasil, Johnson & Johnson e Procter & Gamble. Atuei na gerência comercial desenvolvendo negócios em diferentes mercados, inclusive internacionais. Tenho sólida experiência em gestão de equipes e relacionamentos com parceiros de negócios com o foco em resultados. Elaborei projetos que trouxeram às empresas um aumento significativo de clientes e, consequentemente, de receitas.

Sou brasileiro, tenho 35 anos, casado, dois filhos, formado em Administração de Empresas e com MBA executivo pelo ABC Executive/Rio de Janeiro. Fiz dois cursos de especialização, um em marketing e outro em comércio eletrônico. Falo fluentemente o inglês e o espanhol. Tenho conhecimentos da língua russa.

Apreciaria o agendamento de uma entrevista pessoal ou por Skype para avaliação de oportunidades de atuação em projetos de sua empresa voltados para a área comercial. Tenho a certeza de que minha experiência agregará valor ao atendimento das necessidades de sua empresa e clientes.

Estou à disposição para quaisquer esclarecimentos e na expectativa de um contato positivo.

Atenciosamente,

JOSÉ ANTÔNIO DA SILVA

- **Videocurrículo:** o candidato grava um vídeo com duração média de um minuto a um minuto e meio, onde ele se apresenta e expõe sua formação acadêmica, experiência e outros dados tal qual os dados do currículo em papel.

O videocurrículo é solicitado tanto em processos presenciais como *on-line* e pode ser feito pelo celular do candidato. Algumas empresas solicitam aos candidatos que gravem o videocurrículo direto em suas plataformas.

ATENÇÃO!

Com o videocurrículo cada vez mais solicitado, o currículo em papel tende a desaparecer, principalmente quando a análise é feita pela Inteligência Artificial, que agora agrega informações sobre imagem, postura, voz, entre outras.

Neste tipo de currículo ou apresentação, o selecionador pode avaliar a postura, a linguagem não verbal, a desenvoltura, a comunicação (se o candidato fala o português correto, usa gírias ou palavras chulas etc.), a vestimenta (se está de acordo com a cultura da empresa), o ambiente físico escolhido (conforme descrito no Capítulo 2 deste livro) e a eloquência do candidato.

> **LINK**
>
> Assista ao vídeo: "Videocurrículo Jobecam – Jornal da Band", uma reportagem sobre videocurrículo.
> Fonte: https://www.youtube.com/watch?v=FwBYw79jb7E.
> Acesso em: 1º dez. 2019.

https://uqr.to/i5fr

- **Portfólio:** refere-se a um conjunto de documentos seletivos que mostra o trabalho, a experiência e o crescimento de um profissional. O portfólio não trata apenas da documentação comprobatória, mas os próprios documentos são apresentados de forma amostrar uma síntese das experiências e competências do profissional. O portfólio, tradicionalmente utilizado por arquitetos, fotógrafos, modelos, publicitários e empresas, tem se estendido a outros profissionais, principalmente na demonstração de projetos desenvolvidos pelo candidato.

1.1.2 Como avaliar o currículo

O currículo deve ser avaliado nos seguintes aspectos:

- **Dados pessoais:** se os dados do candidato atendem às exigências da empresa quanto à idade, sexo, estado civil, filhos, bairro em que o candidato mora (se é de fácil acesso à empresa ou não, as condições socioeconômicas e outros, conforme o cargo e a empresa). Se a empresa solicita uma pessoa do sexo masculino, entre 20 e 25 anos, solteiro e sem filhos, aqueles que estão fora dessa solicitação não serão chamados para o processo seletivo.
- **Experiência profissional (ou qualificação profissional):** mostra o que o candidato sabe fazer, suas habilidades gerais e técnicas, ou seja, as *hard skills*. Substantivos que indicam ação, tais como "implantação", "elaboração", "construção", "condução", "orientação" e outros são mais relevantes do que "conhecimento de" ou "disposição para", pois apontam a experiência.

Durante as demais etapas do processo, o selecionador poderá averiguar se o que está no currículo do candidato é compatível com ele.

- **Histórico profissional:** aponta as empresas em que o candidato trabalhou, o tempo de permanência em cada uma delas, se é estável ou não (caso esta característica seja importante no perfil do cargo), se o candidato cresceu no cargo, na vida profissional etc. Neste tópico, é possível levantar algumas hipóteses sobre as *soft skills* do candidato, que serão confirmadas em outras técnicas de seleção.
- **Formação acadêmica (escolaridade):** mostra os cursos regulares[5] e extracurriculares que o candidato fez, apontando se o candidato tende a ser especialista ou generalista. Tais hipóteses serão averiguadas em outras etapas do processo seletivo.

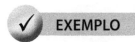

Geraldo fez curso técnico de Contabilidade, Faculdade de Ciências Contábeis e cursos extracurriculares na mesma área; provavelmente é um especialista.

Arnaldo fez curso técnico de Análise de Laboratório, Graduação em Ciências da Computação e cursos extracurriculares em diversas áreas; provavelmente é um generalista.

Qual é a mais interessante: a especialista ou a generalista? Depende do perfil do cargo e da cultura da organização.

Esse tópico auxilia também a averiguar se o candidato se atualiza com frequência, se faz cursos a distância etc.

O selecionador deve entender que os diplomas são importantes, mas não são sinônimos de inteligência, domínio técnico ou habilidades e, na atualidade, não são diferenciais. Tais quesitos serão observados em outras etapas do processo seletivo.

Quanto aos idiomas, temos as seguintes modalidades:

- **Fluência:** o candidato fala, lê e escreve fluentemente o idioma.
- **Básico:** passou pelos cursos de idiomas oferecidos pelo mercado e conhece o mínimo do idioma, geralmente distantes das necessidades profissionais.
- **Instrumental:** o candidato não fala nem escreve no idioma, mas conhece os termos técnicos de sua profissão e é capaz de compreender um texto de sua área.

Por exemplo, boa parcela dos profissionais de informática não fala e nem escreve no idioma, mas é capaz de ler os manuais necessários ao seu trabalho.

Outras informações devem ser observadas, pois muitas vezes apresentam o diferencial do candidato, por exemplo, ter trabalhado em outro país.

Muitas empresas que têm Programas de Responsabilidade Social apreciam nos currículos os trabalhos voluntários prestados pelos candidatos.

---

[5] Cursos formais, reconhecidos pelo Ministério de Educação (MEC), como ensino médio, técnico, graduação, pós-graduação.

ATENÇÃO!

Reforçando: conforme abordado em capítulos anteriores, lembre-se de que na seleção *on-line*, feita pelas plataformas, o cruzamento de candidatos com a vaga efetuado pela Inteligência Artificial traz informações sobre todos os dados do candidato encontrados na internet (suas redes sociais, pesquisas que faz, fotos e vídeos que posta e muitos outros que, às vezes, o próprio candidato desconhece), trazendo um "raio X" de quem é realmente o candidato e sua probabilidade de sucesso na empresa e cargo.

Figura 5.1 Resumo dos tipos de currículo

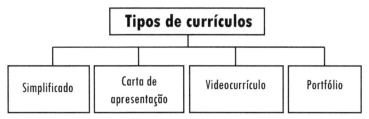

1.2 Entrevista (presencial e *on-line*)

É a técnica de seleção mais utilizada, podendo ser presencial, gravada (feita por uma assessoria ou consultoria e enviada para a empresa) ou por Skype em tempo real. A entrevista na seleção de pessoas envolve um encontro entre um ou mais entrevistador e se um ou mais entrevistados, onde os primeiros colhem informações sobre os demais visando uma possível contratação.

A entrevista permite averiguar conhecimentos, esclarecer dados que não estejam claros no currículo, aprofundar informações, dar oportunidade ao candidato para expor suas qualificações e expectativas, informar ao candidato sobre a cultura da empresa, o cargo, o salário, os benefícios, as condições de trabalho etc.

> **SAIBA MAIS**
>
> Todas as técnicas (ou etapas) do processo de seleção devem ser utilizadas, pois possibilitam averiguar as características do candidato que vai se mantendo de uma etapa para outra, evidenciando, assim, suas reais *skills*. Fazer uso só da entrevista ou de uma única etapa do processo não garante uma escolha adequada.

1.2.1 Aspectos positivos da entrevista

Os aspectos positivos da entrevista são os seguintes:

- Permite contato direto com o candidato.
- Foca o candidato como pessoa.
- Permite avaliar como o candidato se comporta e suas reações.

1.2.2 Aspectos negativos da entrevista

São aspectos negativos da entrevista:

- Técnica subjetiva.
- Nem sempre o candidato se sai bem.
- Difícil comparar os candidatos entre si.
- Exige treinamento do entrevistador.
- Exige conhecimento do cargo.

1.2.3 Quantidade de entrevistas

A quantidade de entrevistas vai depender do cargo, do tempo necessário para o preenchimento da vaga (se é urgente ou não), da quantidade e da qualificação dos candidatos.

Pode ser realizada apenas como selecionador, como selecionador e como futuro chefe, como chefe e futuros colegas de trabalho, com o chefe e seu gerente etc.

1.2.4 Metodologia da entrevista

Quanto à metodologia, a entrevista pode ser:

- **Não estruturada ou livre:** não há um roteiro previamente traçado; o entrevistador vai formulando as questões à medida que a entrevista se desenvolve.
- **Estruturada ou dirigida:** o entrevistador prepara um roteiro com questões básicas sobre o cargo e as *skills* do candidato.

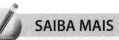

> **SAIBA MAIS**
>
> As entrevistas gravadas em plataformas (*job boards*) usam a metodologia estruturada, pois podem ser avaliadas pela Inteligência Artificial.

1.2.5 Detalhes a serem observados no candidato durante a entrevista

Durante a entrevista, alguns aspectos devem ser observados no candidato:

- Pontualidade presencial e *on-line*: não se trata apenas da pontualidade nos agendamentos do processo seletivo. A pontualidade pode revelar-se como um padrão do candidato. Se o for, este mantém a pontualidade em seus compromissos, prazos, pagamentos e outras situações em que esse fator for relevante.
- Traje do candidato: deve ser adequado, de acordo com a cultura organizacional (independentemente de a entrevista ser pessoal ou *on-line*).
- Se o candidato faz comentários negativos de empresas e chefes anteriores.
- Se foge de certas perguntas, deixando de respondê-las.
- Se faz uso de expressões chulas.
- Se fala corretamente o português.
- Se demonstra entusiasmo, motivação e otimismo (características bem apreciadas pelas empresas que desejam um ótimo ambiente de trabalho).
- É importante observar se o candidato demonstra bom nível cultural e conhecimentos sobre a organização e o mercado.
- Se o candidato se mostra interessado pelo cargo e pela empresa.

Marras (2002) descreve quatro campos de informações que devem estar contidos em um roteiro completo de entrevista. O entrevistador, conforme a complexidade do cargo, deverá elaborar questões que atendamaos quatro campos – pessoal, profissional, educacional e social.

No Quadro 5.1, vemos um demonstrativo dos principais itens em cada campo de pesquisa que ajudam a estruturar uma entrevista.

O Quadro 5.1 sugere o que pode ser perguntado ao candidato.

É comum na entrevista:

- O entrevistado falar sobre o que ele acha que é.
- Falar sobre o que ele gostaria de ser, como se ele assim o fosse.
- Falar o que ele percebe que o entrevistador quer ouvir.
- Falar sobre si mesmo baseado no perfil da mídia.

Portanto, o selecionador deve estar atento à coerência entre a fala e os demais comportamentos apresentados pelo candidato em outras etapas do processo seletivo.

QUADRO 5.1 Campos de pesquisa em uma entrevista

Campo de pesquisa	Principais itens a pesquisar
1. Pessoal	1. Idade, estado civil
	2. Nível de energia
	3. Grau motivacional atual
	4. Níveis de QI e QE
	5. Perfil psicológico de personalidade
	6. Principais aptidões e potencialidades
2. Profissional	7. Perfil das empresas anteriores
	8. Cargos ocupados
	9. Estabilidade
	10. Realizações ou resultados obtidos
	11. Responsabilidade ou tarefas mais importantes
	12. É membro de alguma associação ou sindicato?
3. Educacional	12. Qualidade das escolas básicas frequentadas
	13. Nível de formação superior
	14. Pós-graduação (*lato* ou *stricto sensu*)
	15. Trabalhos ou pesquisas concluídos (temas, avaliação etc.)
	16. Idiomas
	17. Cultura geral: leituras, cursos, viagens culturais etc.
4. Social	16. Clubes e igrejas que frequenta
	17. Esportes praticados
	18. *Hobbies*
	19. É membro de alguma associação para fins sociais?
	20. Tem amigos? Quantos? Qual a frequência dos encontros?
	21. Qual seu fim de semana predileto?
	22. Como planejou e efetivou as últimas três férias?

Fonte: Marras (2002, p. 83).

1.2.6 Modalidades da entrevista

Existem vários tipos de entrevista, sendo as mais utilizadas a entrevista tradicional, a comportamental, a situacional e a entrevista em grupo.

Entrevista tradicional

Consiste na entrevista individual, baseada nos quatro campos de pesquisa. O entrevistador formula questões, relacionadas com o cargo e a cultura da empresa, diretamente ao candidato.

Entrevista comportamental

Também conhecida como entrevista baseada em competências, é estruturada e tem a elaboração de suas questões focadas nas atitudes e no comportamento dos candidatos. Baseia-se na premissa de que a previsão do comportamento futuro de uma pessoa está relacionada com o comportamento dessa pessoa no passado, em ambientes similares. O entrevistador deve buscar nas respostas qual é o padrão comportamental do candidato a partir do conjunto de experiências passadas relatado.

EXEMPLO

Um candidato de 17 anos pleiteava uma vaga de auxiliar administrativo, cursava o último ano do ensino médio e o selecionador solicitou a ele que relatasse uma situação em que teve que tomar uma decisão.[6] O candidato respondeu que, recentemente, ao ir para a escola, ele havia presenciado o atropelamento de um cachorrinho e ficou indignado em ver a dor do animal e ninguém se importar com ele. Pensou em socorrê-lo e lembrou que aquele era o dia da aula em que o professor não fazia chamada (não levaria falta) e que, como na semana anterior teve prova, neste dia, como de costume, o professor faria na lousa a correção da prova (não perderia matéria nova). Também lembrou que distante algumas quadras dali havia uma clínica veterinária, mas ele não tinha dinheiro para pagar o doutor, pois a mãe, como todos os dias, deu-lhe apenas o dinheiro para um lanche. Poderia conversar com o doutor. Pegou o cachorrinho e o levou a tal clínica e explicou para a moça que o atendeu (provavelmente uma recepcionista) que o cão não era dele, que ele viu o atropelamento e ficou com dó e que não tinha dinheiro para consulta, mais ainda, não poderia levá-lo, pois sua mãe não permitia animais em casa. A moça o encaminhou para o doutor que o recebeu e disse-lhe que trataria do cão, que não era necessário pagar a consulta e que não se preocupasse porque assim que o animalzinho se recuperasse, ele o colocaria para a adoção.

Por mais simples que seja a situação retratada, este candidato mostra que ele não toma decisões impulsivas, pois ele levantou hipóteses, alternativas e possíveis consequências para as alternativas. Ele já tem um padrão comportamental para tomada de decisão que se repetirá em outras situações. Com pouca idade, ele já se mostra estrategista.

Nas questões exemplificadas a seguir, formuladas para entrevistar o candidato, é possível distinguir a entrevista tradicional e a comportamental:

- Você tem espírito de liderança? (tradicional). Conte-me um fato que demonstre isso (comportamental).

---

[6] Certas questões que, no passado, eram feitas apenas para cargos gerenciais, na atualidade, podem ser feitas para quaisquer cargos, pois os candidatos respondem de acordo com o contexto que vivem, independentemente de ser corporativo, social ou familiar. O importante é que a resposta dada pelo candidato permita a visualização do seu padrão comportamental.

Será observado o tempo que o candidato leva para responder, se a resposta faz parte do seu repertório comportamental, que tipo de fato ele contou, qual foi a sua relevância.

- O que você faz no seu tempo livre?

Na entrevista tradicional, a maioria das respostas volta-se à vida cultural (vou ao cinema, ao teatro), intelectual (leio livros), ou relacionamentos interpessoais (saio com os amigos, namoro).

Na entrevista comportamental, se o candidato responder, por exemplo, costumo ir ao cinema, vem a questão comportamental: com que frequência você vai? Conte-me sobre os últimos filmes que você assistiu.

- Quais foram os resultados que você trouxe para a última empresa em que trabalhou?

Verificar se o candidato tem noções das contribuições que ele traz, se ele relaciona o seu cargo com as estratégias da empresa. Quanto maior a percepção do candidato às suas contribuições, maior é o valor dado por ele ao seu trabalho.

A seleção de pessoas deve ser para o candidato um momento de aprendizagem.

EXEMPLO

Bruna, selecionadora do Escritório de Advocacia Lei Certa, ao formular a questão sobre os resultados trazidos para a empresa a uma auxiliar administrativa (que digitava processos e separava documentação para serem anexadas aos processos e entregues aos órgãos competentes), obteve a resposta: "que contribuições uma auxiliar administrativa pode trazer para a empresa?" Bruna perguntou: "o que acontecerá se você digitar um não ao invés de um sim em um processo? Ou errar um prazo de entrega de documentos? O que acontecerá se você faltar durante uma semana?"

Bruna observou que a candidata mudou de semblante ao terminar a entrevista, "como se ela, somente neste momento, tivesse percebido a importância do seu trabalho".

A entrevista comportamental busca rastrear o padrão comportamental do candidato: como lidera, como soluciona conflitos, como toma decisões e outros pertinentes à vaga em aberto. O objetivo é identificar comportamentos que são pré-requisitos para o cargo. As perguntas devem começar sempre com: descreva, dê um exemplo, conte uma situação, ou seja, verbos que são direcionados para respostas que mostrem como a pessoa se comportou em determinada situação.

Segundo Rabaglio (2005, p. 35), todas as perguntas são planejadas para obter do candidato respostas que tenham com clareza: Contexto, Ação e Resultado (CAR).

> Ao investigar o comportamento do candidato, estaremos procurando conhecer o Contexto em que aconteceu a ação, detalhes da Ação e o Resultado alcançado por esta ação. Sendo assim, só aceitamos do candidato uma declaração comportamental, ou seja, uma declaração que contenha o Contexto, a Ação e o Resultado (CAR) (RABAGLIO, 2005, p. 37).

Somente quando o CAR estiver completo pode-se ter a clareza das *soft skills* do candidato.

EXEMPLOS

1. Um candidato relatou que no dia do importante coquetel que ele ficou encarregado de organizar para os executivos, estava muito quente e o *buffet* responsável pelos alimentos e bebidas esqueceu o gelo, mas rapidamente tudo foi resolvido.

   Contexto: no dia do importante coquetel para os executivos, faltou gelo.

   Ação do candidato: não relatou.

   Resultado: tudo foi resolvido rapidamente (mas o candidato não relatou como, sua ação).

   O CAR desse candidato não está completo, portanto não esclarece a ação.

   O selecionador então perguntou: "o que você fez para resolver rapidamente a situação? O rapaz respondeu: "mandei um auxiliar ir ao posto de gasolina próximo ao *buffet* para comprar o gelo".

2. Um executivo financeiro relatou que, em uma das empresas em que trabalhou cujas dificuldades financeiras eram acentuadas, ele conseguiu dobrar a receita da empresa ao adotar a gestão de risco, reduzindo as dificuldades e melhorando a saúde financeira da empresa.

   Nesse exemplo, o candidato deu o CAR completo:

   Contexto: a empresa encontrava-se com dificuldades financeiras.

   Ação: o candidato adotou a gestão de risco.

   Resultado: dobrou a receita, reduziu as dificuldades e melhorou a saúde financeira da empresa.

Quando o CAR estiver incompleto, o entrevistador deverá fazer uma pergunta complementar para verificar se a competência não foi relatada ou se de fato ela não faz parte do repertório do candidato. No Exemplo 1, o entrevistador perguntou o que ele fez para resolver a falta do gelo.

SAIBA MAIS

A pergunta comportamental busca exemplos de situações passadas reais, vivenciadas pelo candidato, que sejam compatíveis com as *skills* exigidas para o cargo.

Ao candidato mais atento às questões, a entrevista comportamental o ajuda a compreender o seu perfil profissional.

Entrevista situacional

Nessa modalidade, o entrevistador relata uma situação do cotidiano do cargo e pergunta ao candidato como ele resolveria tal situação. Parte-se do pressuposto de que as intenções de uma pessoa podem prever o seu comportamento futuro.

Fernando, o entrevistador, colocou a seguinte situação para o candidato: "você contratou uma mulher para o cargo de faxineira para a equipe de limpeza da empresa. Explicou a ela que o horário de trabalho seria das 6:00 às 9:00 horas, pois a limpeza deve ser realizada antes do horário de expediente do pessoal do escritório, que era às 9:00 h. Depois de uma semana de trabalho, já registrada, a nova colaboradora passou a chegar às 6:30 h. Enviada novamente para você, ela explica que a creche de seu filho de 3 anos não pode abrir antes das 6:00 h para recebê-lo, levando-a a se atrasar 30 minutos. Explica ainda que está em uma situação extremamente difícil e que não pode perder o emprego".

Fernando pergunta ao candidato: "o que você faria nesta situação?"

Na entrevista situacional, o entrevistador deve buscar por respostas desejáveis de acordo com o cargo e a cultura da empresa.

Entrevista em grupo

O entrevistador faz a entrevista, ao mesmo tempo, com todos os candidatos que estão participando daquele processo seletivo. Tem a oportunidade de observar como o candidato se comporta perante a concorrência.

Essa modalidade deve ser planejada com cuidado para não provocar uma concorrência agressiva entre os candidatos. As questões devem ser focadas no cargo e na cultura da empresa.

Angelina, selecionadora da Indústria e Comércio de Eletrodomésticos Funciona Sempre, perguntou aos candidatos: "dos que estão presentes e que vocês tiveram a oportunidade de conhecer na dinâmica de grupo, quem você escolheria para ocupar o cargo que você está pleiteando e por quê".

Um dos pontos que podem ser analisados é como as pessoas percebem nos candidatos escolhidos, o seu diferencial e a sua postura ao avaliar o concorrente. Algumas vezes, os próprios candidatos se escolhem. A análise segue o mesmo caminho, a compatibilidade do candidato com a cultura da empresa.

Tática da surpresa

Outra prática que pode ser utilizada é a tática da surpresa. Trata-se de apresentar uma questão surpresa sobre uma *skill* quando o candidato está focado em outra totalmente diferente.

EXEMPLO

O entrevistador estava ouvindo o relato da dificuldade que foi o candidato passar em estatística e, como se não estivesse ouvindo o que ele estava dizendo, o pega de surpresa com uma pergunta afirmativa que ele supõe ser uma característica do candidato, tal como: "por que você é desorganizado?"

É interessante observar que muitos candidatos que têm tal característica pesquisada, pela surpresa dão respostas sem pensar e confirmam a suposição do entrevistador.

1.2.7 Ambiente para a entrevista

O ambiente para a entrevista, seja presencial ou *on-line*, deve ser preparado. Na entrevista presencial, a sala deve ser específica para tal procedimento, livre de outras pessoas que poderiam deixar o candidato pouco à vontade para falar sobre si.

Uma atmosfera agradável, um clima tranquilo e favorável ao diálogo contribui para reduzir a tensão que a maioria dos candidatos sente em entrevistas de seleção.

Se a entrevista for por Skype, tanto o entrevistador como o candidato devem estar em locais apropriados (sem outras pessoas presentes) e vestidos como se a entrevista fosse presencial.

1.2.8 Elegância do entrevistador

Alguns aspectos importantes devem ser observados pelo entrevistador:

- Tratar o candidato como pessoa. Agradecer por participar da entrevista. Pequenos gestos quando a entrevista for presencial, como acomodá-lo, oferecer café e/ou água apontam um tratamento cortês e fazem a diferença no processo seletivo contribuindo com uma imagem positiva da empresa.
- Não interromper a entrevista para resolver outros problemas. Além de tirar a concentração e comprometer o clima da entrevista, pode deixar a sensação de que o entrevistador não organiza os seus compromissos adequadamente.
- Não invadir os limites da privacidade. Perguntas sobre a vida afetiva, sexual ou outras questões constrangedoras não são pertinentes e compatíveis com um processo seletivo.

- Se o entrevistador esqueceu a entrevista com o candidato e marcou outro compromisso no horário, é elegante desmarcar outros compromissos e realizar a entrevista. Ameniza a visão de desorganização que o candidato possa ter e colabora com a imagem da empresa, do profissional de seleção e do processo seletivo.
- Ao término da entrevista, agradecer a presença do candidato e despedir-se com um sorriso. Se a entrevista for presencial, acompanhar o candidato até a saída, despedir-se com um aperto de mão e um sorriso.

1.3 Aplicação de testes: presenciais e *on-line*

Os testes na seleção de pessoas podem ser de conhecimentos gerais, de conhecimentos específicos, prova prática, psicológicos, de integridade, apresentação em PowerPoint.

1.3.1 Testes de conhecimentos gerais

São instrumentos utilizados para avaliar o nível de conhecimentos do candidato relacionado com o cargo ou de atualidades. As questões podem versar sobre a cultura geral do candidato e/ou conhecimentos gerais de sua área de atuação.

Durante o processo seletivo para a vaga de contabilista na área tributária, Marcelo passou por uma prova com questões sobre seus conhecimentos de atualidades em economia, política, marketing etc., e outra sobre contabilidade geral, gerencial, internacional e outras modalidades da contabilidade.

Geralmente, são apresentados em forma de questionários que podem ser respondidos por escrito ou oralmente (em entrevistas), dependendo da *skill* que se quer medir.[7]

1.3.2 Testes de conhecimentos específicos

Referem-se aos conhecimentos inerentes ao cargo.

Marcelo, para atuar na área tributária, passou por testes de conhecimentos da legislação tributária, cálculos tributários e outros assuntos inerentes ao conteúdo do cargo.

---

[7] Essas informações também podem ser obtidas na entrevista, caso o selecionador não queira usar o teste.

1.3.3 Prova prática

Procura medir o grau de habilidade técnica do candidato para certas tarefas específicas exigidas pelo cargo.

EXEMPLO

Neide, formada em Química, participou do processo seletivo na Indústria de Perfume Fragrância Suave, para o cargo de química. A prova prática aconteceu no laboratório de química da Fragrância Suave e foi elaborada pelo engenheiro químico responsável, seu futuro gestor. Foi dado a ela o material necessário para que fizesse um perfume com fragrância suave.

Para um contabilista que irá trabalhar com balanços, a prova será elaborar e analisar um balanço. Para um guia turístico, fazer o roteiro de determinado passeio.

1.3.4 Testes psicológicos

Os testes psicológicos na seleção de pessoal têm como finalidade coletar dados indiretos do candidato. Auxiliam na identificação de comportamentos mais comuns do candidato, levantam características básicas de sua personalidade e algumas habilidades. Jamais devem ser usados como instrumentos únicos de seleção. Os resultados desses testes devem ser analisados em conjunto com os demais resultados das outras etapas do processo de seleção. Em geral, são usados os testes de inteligência (averiguação de memória, habilidade numérica, habilidade verbal etc.), de interesses (envolvem o que a pessoa gosta de fazer), de personalidade (características individuais) e de integridade[8] (testes que procuram medir a integridade, confiabilidade e responsabilidade do candidato).

Os testes psicológicos só podem e devem ser aplicados e avaliados por um psicólogo com conhecimentos e habilidades nos métodos científicos que os permeiam.

Algumas empresas colocam em seus *sites* testes aplicados *on-line*. O candidato pode respondê-los de qualquer lugar em que estiver. A pontuação é automática e ocorre imediatamente após o término de respostas ao teste. Ressalte-se que nem sempre são testes psicológicos e quando o são devem ser submetidos às normas determinadas pelo Conselho Federal de Psicologia (CFP).

Os testes psicológicos só são válidos quando usados como *um* dos elementos para se levantar hipóteses sobre determinado candidato. Para classificar ou desclassificar candidatos, os testes psicológicos devem ser agregados aos outros instrumentos de seleção: entrevistas, dinâmica de grupo, jogos empresariais, entre outros instrumentos.

---

[8] Na medida em que tem crescido a preocupação com a ética nas organizações, cresce a utilização de testes de integridade na seleção de pessoal.

ATENÇÃO!

O objetivo de apresentar alguns testes a seguir é trazer um resumo daqueles mais utilizados em processos seletivos. É importante que o selecionador aprofunde seus conhecimentos pesquisando em literatura específica, que explica como devem ser usados e avaliados, lembrando que muitos deles só podem ser aplicados e avaliados por psicólogos.

Os testes psicológicos mais usados em seleção de pessoas são: teste de perfil comportamental, teste palográfico, questionário de avaliação tipológica e teste de atenção concentrada.

Teste de perfil comportamental (DISC)

O Teste DISC foi desenvolvido por William Marston, Ph.D. em Psicologia pela University of Harvard, pensando nas reações emocionais dos seres humanos. O DISC é um teste que mapeia o perfil comportamental e profissional do candidato, avaliando e categorizando em quatro perfis comportamentais básicos e distintos: comunicador, analista, planejador e executor. Há inúmeras combinações possíveis de predominâncias desses perfis, o que gera personalidades distintas e singulares, ao mesmo tempo em que reúneos grandes perfis em grupos com características próprias.

Essa ferramenta tem sido amplamente utilizada para recrutamento e seleção de candidatos, assim como para remanejamento interno e construção de equipes, e outras práticas que objetivam tirar o melhor proveito do potencial de cada pessoa.

As características de cada perfil são:

- **Executores** (Dominância): são pessoas ativas, otimistas e dinâmicas, com um senso de liderança aguçado e forte inclinação a aceitar e enfrentar desafios. É um perfil com muita força de vontade, raciocínio lógico, autoconfiança, podendo também ser autoritário ou inflexível. Gosta de resolver os problemas do seu jeito e aprecia uma liberdade para agir individualmente.
- **Comunicadores** (Influência): são pessoas extrovertidas, falantes, ativas e ávidas pelo contato interpessoal e por um ambiente harmonioso de trabalho. São pessoas que não apreciam monotonias e rotinas – apesar de se adaptarem ao ambiente com facilidade. Trabalham bem em grupo, são amigáveis e descontraídas, têm necessidade de compreender o social e apreciam o senso de pertencimento à equipe.
- **Planejadores** (eStabilidade): este perfil corresponde a pessoas calmas, prudentes, que apreciam rotina e atuam em conformidade com as normas estabelecidas. Por serem prudentes, agem com tranquilidade em situações de emergência e tomam boas decisões, muitas vezes autônomas, pois confiam em seu bom

senso. Apesar de introvertidos, têm um perfil de fácil relacionamento, e demandam um ambiente de trabalho estável e sem excessiva cobrança.
- **Analistas** (**C**onformidade): são preocupados e rígidos, porém calmos. Buscam a perfeição, têm agilidade e intelectualidade. São pessoas que possuem habilidades com tarefas detalhadas e de rápida improvisação, atentas aos detalhes, e demandam tempo para estudar e treinar. Seu anseio pela perfeição pode trazer um pessimismo e necessidade de constantes reforços de aprovação, pois sempre consideram seu trabalho imperfeito.

É essencial saber que as pessoas possuem características dos quatro perfis, e o teste analisa qual ou quais perfis são predominantes. Nenhum perfil comportamental é melhor que o outro; trata-se de reconhecer os seus pontos fortes e suas fraquezas, e pensar em como desfrutar mais das aptidões de cada tipo.

O teste pode ser aplicado presencialmente ou *on-line*.

EXEMPLO

"Teste de Perfil Comportamental. Faça o teste e descubra quem você é, onde você se encaixa!" Há uma rápida explicação do teste e, em "acessar sistema", você pode ter exemplos de questões do teste.

Fonte: http://portal.ciee.org.br/estudantes/teste-de-perfil-comportamental. Acesso em: 23 dez. 2019.

https://uqr.to/i5fs

Teste palográfico

Esse teste tem como objetivo analisar a personalidade. O candidato recebe uma folha em branco e é orientado a preenchê-la com traços paralelos.

A aplicação é fácil, mas a análise não. Exige conhecimentos e experiência do psicólogo para avaliá-lo. *Grosso modo*, os traços são avaliados conforme aparecem: equilibrados, estreitos, espaçosos, inclinados, irregulares, entre outros, e como são ocupados na folha. Cada tipo de traço se relaciona com uma característica da personalidade do candidato.

LINK

Assista ao vídeo:

"#DicasPsi – Teste Palográfico".

Fonte: https://www.youtube.com/watch?v=BzCw_JFAN8A. Acesso em: 5 dez. 2019.

https://uqr.to/i5fv

Questionário de avaliação tipológica (Quati)

Desenvolvido pela USP, por José Jorge Morais Zacarias, que se baseou nos tipos psicológicos de Carl G. Jung: introvertido × extrovertido, e nas quatro funções da psique, que são: sensação, intuição, pensamento e sentimento, que vão definir os dezesseis tipos psicológicos ou dezesseis maneiras de a pessoa agir e interagir com o trabalho, a família, amigos etc. Os tipos psicológicos definem padrões de personalidade. Ao construir o teste, o autor levou em consideração a realidade brasileira. O teste é composto por seis situações hipotéticas, cada uma com quinze pares de afirmações. O candidato deverá escolher aquelas que mais se aproximam do seu comportamento. Na seleção de pessoas, as respostas dadas pelos candidatos serão cruzadas com o perfil desejado pela empresa. Serão aprovados aqueles que se aproximam desse perfil.

O teste pode ser aplicado presencialmente ou *on-line* com correção automática.

LINK

Assista ao vídeo: "Vetor Editora Entrevista – José Jorge de Morais Zacharias | Teste QUATI".
Fonte: https://www.youtube.com/watch?v=-jwFwGVA4kY.
Acesso: em 5 dez. 2019.

https://uqr.to/i5fy

Teste de atenção concentrada (AC)

O objetivo é medir a capacidade de atenção dos candidatos.

O teste, que só pode ser aplicado por psicólogos, é dividido em três partes, em que a tarefa do candidato consiste em conferir pares de palavras e números com limite de tempo. É possível comparar o rendimento nos primeiros minutos e inferir dessa comparação se o candidato aumentou a sua produção durante a prova, se a manteve estável ou se a produção caiu no final. Possibilita verificar a fadiga, a resistência à monotonia e, indiretamente, o interesse pelo tipo de trabalho realizado. A correção é realizada pelo total de acertos, pela avaliação quantitativa e qualitativa. Existe em versão *on-line* com correção automática.

1.3.5 Testes de integridade

Alguns são baseados em estudos do psicólogo e filósofo norte-americano Lawrence Kolberg, que desenvolveu uma teoria segundo a qual o desenvolvimento da moral se processa em uma sequência de estágios, que é a mesma para todas as pessoas, independentemente da nacionalidade, religião e cultura.

Em sua pesquisa, ele propunha um dilema[9] e pesquisava as soluções e os respectivos argumentos dados pelas pessoas sobre o que o personagem do dilema deveria fazer. As respostas apontavam o nível e o estágio moral em que a pessoa se encontrava.

EXEMPLO

O dilema de Heinz, proposto por Lawrence Kohlberg, é um exemplo usado para estudar a ética e a moralidade.

A esposa de Heinz estava à beira da morte em razão de um tipo especial de câncer. Os médicos disseram que um farmacêutico da cidade tinha descoberto uma nova droga que poderia salvá-la. Heinz tentou desesperadamente comprá-la, mas o farmacêutico cobrava dez vezes mais dinheiro do que Heinz tinha. Heinz poderia pagar a metade do dinheiro, que tinha levantado com a ajuda da família e amigos. Ele explicou ao farmacêutico que sua esposa estava morrendo e perguntou se ele poderia comprar o remédio mais barato ou pagar o resto do dinheiro mais tarde. O farmacêutico recusou, dizendo que havia descoberto o remédio e que ia ganhar dinheiro com isso. Heinz ficou desesperado para salvar sua esposa e assaltou a farmácia a fim de roubar o remédio. O dilema era: salvar uma vida ou não roubar.

Os argumentos das pessoas mostravam em que nível e estágio do desenvolvimento moral cada pessoa estava.

É importante o aprofundamento para conhecer a teoria de Kolberg. Os testes de integridade estão em alta no Brasil em um momento em que o país se depara com tantos casos de corrupção e falta de ética.

LINK

Leia a página: "Indicador de integridade", que aborda a estrutura do teste, os resultados e responde às principais dúvidas das pessoas:
Fonte: http://site.primeiraescolha.com.br/teste-de-integridade. Acesso em: 5 dez. 2019.

https://uqr.to/i5fz

Alguns selecionadores elaboram testes com perguntas baseadas na teoria das inteligências múltiplas, de Howard Gardner, ou na teoria da inteligência emocional, de Daniel Goleman. Porém, devem ter profundo conhecimento de ambas as teorias para que obtenham os resultados desejados.

---

[9] São decisões que envolvem o valor moral de uma pessoa, com duas saídas difíceis, e as consequências de tal decisão podem afetar a vida de terceiros.

1.3.6 Apresentação em PowerPoint

É a solicitação para que o candidato faça uma apresentação em PowerPoint sobre ele e/ou sobre um projeto para a empresa em que ele está concorrendo com uma vaga. A apresentação pode ser feita presencialmente ou gravada e postada na plataforma.

Com relação aos *slides* elaborados pelo candidato, o selecionador deve avaliar o *layout*, a utilização do espaço em cada *slide* (é um relato na íntegra ou são tópicos? Bem ou mal distribuídos?), a criatividade (no texto ou na escolha de imagens), algum efeito especial, as cores utilizadas e o número de *slides* (correspondeu ao solicitado?).

Com relação à apresentação, o candidato se apoia nos *slides* lendo o tempo todo ou usa apenas tópicos fazendo colocações pertinentes a eles? Mostra-se seguro ou inseguro? Fala alto, baixo, acelerado ou lento? Olha para onde? Sorri? Comete erros de português?

Quando a apresentação é sobre o próprio candidato, o que ele enfatiza? O que ele valoriza nele? Como ele se vê? Que *skills* do candidato o selecionador extrai do conjunto da apresentação?

A solicitação ao candidato da apresentação de um projeto para a empresa requer muita cautela. Alguns candidatos que desenvolvem e apresentam projetos para a empresa e não são selecionados por ela ameaçam processá-las caso elas usem tais projetos.

1.4 Dinâmicas de grupo

Tanto as dinâmicas de grupos como os jogos empresariais têm sido usados em processos seletivos.

As dinâmicas de grupo, na seleção de pessoal, consistem em um conjunto de técnicas, que reúnem, no mínimo, seis e, no máximo, doze candidatos desconhecidos, concorrendo a uma mesma vaga. O objetivo da técnica é observar como o candidato se comporta e se relaciona em grupo, além de possibilitar a observação de algumas características pessoais, como indecisão, iniciativa, argumentação ou como lida com pressões, conflitos, resolve e soluciona problemas.

monkey business images | iStockphoto

As atividades propostas variam desde histórias do cotidiano, análise de filmes, artigos diversos, até discussões de temas relacionados com o cargo para que o grupo chegue a uma conclusão conjunta. O que importa, neste trabalho, é o desempenho de cada candidato dentro do grupo.

1.4.1 Como aplicar uma dinâmica de grupo

Na seleção de pessoal, a primeira fase da dinâmica de grupo é conhecida como "aquecimento". É o momento em que as pessoas vão se conhecer. Ou o selecionador pede para que se apresentem ou pode usar outras técnicas, como, por exemplo, pedindo que um candidato entreviste o colega ao lado e vice-versa. Quem entrevistou fará no grupo a apresentação do entrevistado e outras técnicas de apresentação. É o momento em que o selecionador fala sobre a empresa.

Na segunda fase, uma tarefa é proposta. Pode ser uma prova situacional (por exemplo, se o cargo for para um guia turístico, o grupo deverá viabilizar uma excursão no centro histórico de São Paulo) ou ainda simulações de situações do cotidiano, aparentemente nada relacionadas como cargo; o candidato não percebe que os papéis empresariais estão embutidos em cada personagem. Em todos os casos, será analisado o desempenho de cada candidato e como eles se relacionam com o grupo. Verifica-se se a pessoa é capaz de mudar seu ponto de vista ou se fica inflexível só por se sentir ameaçada; se lidera e de que maneira o faz permitindo ou bloqueando a participação do grupo, e outras *skill sex*igidas pelo cargo que serão avaliadas. As dinâmicas são elaboradas de acordo com o cargo e a cultura da empresa, o que dificulta uma preparação prévia do candidato, já que ele desconhece os critérios usados para a seleção.

O requisitante do cargo pode, se assim desejar, participar da dinâmica e observar diretamente os participantes. É importante que ele seja preparado e que participe de todas as fases da dinâmica, assim terá melhores condiçõesde escolher o candidato com quem trabalhará.

Na dinâmica de grupo não há vencedor. Passará desta etapa o candidato que apresentar as *skills* definidas no perfil do cargo.

Vários livros e *sites* da internet oferecem técnicas de dinâmica de grupo tanto para a seleção de pessoal como para o treinamento. Ressalte-se a importância de se verificar a idoneidade do material.

1.4.2 Da preparação à avaliação da dinâmica de grupo

Para o selecionador a dinâmica, compõe-se de três fases.

1ª Fase: preparação

- Escolha da dinâmica de acordo com as *soft skills* descritas no perfil do cargo.

- Descrição das *soft skills* a serem observadas na dinâmica de grupo.
- Duração da aplicação. Cuidado com o tempo determinado nos livros e *sites*. As dinâmicas podem ter duração de maior ou menor tempo. Também variam conforme o cargo e o grupo de candidatos. O que se faz é uma estimativa de quanto tempo durará.
- Providências dos materiais necessários. A dinâmica pode requerer materiais como papel, cartolina, cola, tesoura, cadeiras, bexigas e outros.
- Procedimento: descrição detalhada da dinâmica.

A seguir, apresentamos um exemplo de uma dinâmica, extraída de Fritzen (1987, p. 61-62), que, embora antiga, ainda é apreciada em muitos processos seletivos.

NOME DA DINÂMICA: A DIFICULDADE DE UM CONSENSO

Objetivos:

a) esclarecer valores e conceitos morais;

b) provocar um exercício de consenso, a fim de demonstrar sua dificuldade, principalmente quando os valores e conceitos morais estão em jogo.

Tamanho: 25 a 30 pessoas

Duração: uma hora (aproximadamente)

Material utilizado:

a) uma cópia do "ABRIGO SUBTERRÂNEO";

b) caneta ou lápis.

Processo:

I – o animador explica os objetivos do exercício;

II – a seguir distribuirá uma cópia do "ABRIGO SUBTERRÂNEO" a todos os participantes, para que façam uma decisão individual, escolhendo as seis pessoas de sua preferência;

III – organizar, a seguir, subgrupos de cinco membros, para realizar a decisão grupal, procurando-se alcançar um consenso;

IV – forma-se novamente o grupo maior, para que cada subgrupo possa relatar o resultado da decisão grupal;

V – segue-se um debate sobre a experiência vivida.

ABRIGO SUBTERRÂNEO

Imaginem que nossa cidade está sob ameaça de um bombardeio. Aproxima-se um homem e lhes solicita uma decisão imediata. Existe um abrigo subterrâneo que só pode acomodar seis pessoas. Há doze pessoas interessadas em entrar no abrigo. Faça sua escolha, destacando apenas seis pessoas.

- um violinista, com 40 anos, narcótico viciado;
- um advogado, com 25 anos de idade;
- a mulher do advogado, com 24 anos, que acaba de sair do manicômio (ambos preferem ficar juntos, no abrigo ou fora dele);
- um sacerdote, com a idade de 75 anos;
- uma prostituta, com 34 anos;
- um ateu, com 20 anos, autor de vários assassinatos;
- uma universitária que fez voto de castidade;
- um físico, com 28 anos, que só aceita entrar no abrigo se puder levar consigo sua arma;
- um declamador fanático, com 21 anos;
- uma menina com 12 anos e baixo QI;
- um homossexual, com 47 anos;
- um doente mental, com 32 anos, que sofre de ataques epilépticos.

Além dos objetivos propostos pelo autor, na adaptação, outros objetivos podem surgir. O importante é ter o foco nas *soft skills* traçadas para rastreá-las durante a dinâmica.

Adapta-se o número de participantes e, muitas vezes, o processo; por exemplo: a primeira parte individual e a segunda o grupo todo, se o grupo for de até doze pessoas.

LINKS

Assista ao trecho: "El refugio" do filme "El método" (em português, "O que você faria?"). Trata-se de um processo seletivo de executivos e, no trecho indicado, é como uma adaptação da dinâmica "Abrigo subterrâneo", antes apresentada.

Fonte: https://www.youtube.com/watch?v=qf4PPMR3qQI. Acesso em: 1º dez. 2019.

https://uqr.to/i5g1

Assista, também, ao primeiro e ao segundo jogo do filme "Jogos do apocalipse", também uma adaptação da dinâmica "Abrigo subterrâneo".

Fonte: https://www.youtube.com/watch?v=hUk6MpE_GmY. Acesso em: 10 dez. 2019.

Os dois filmes e a dinâmica são estímulos para elaborar outras dinâmicas ou jogos de acordo com o perfil desejado pela empresa.

https://uqr.to/i5g2

2ª Fase: aplicação da dinâmica

- Dar aos candidatos as instruções prescritas na dinâmica.
- Criar um clima de descontração.
- Auxiliar no limite prescrito no procedimento da dinâmica.
- Iniciar a dinâmica.

3ª Fase: avaliação da dinâmica

- Positiva, quando apresenta os comportamentos dos candidatos de tal maneira que possam ser relacionados com as *soft skills* descritas no perfil do cargo.
- Negativa, quando não permite rastrear os comportamentos relacionados com as *soft skills* do cargo.
- Vencerão essa fase os candidatos que apresentarem as *soft skills* descritas no perfil do cargo.

ATENÇÃO!

Dicas importantes:

- conhecer a dinâmica escolhida;
- não aplicar o que não se conhece;
- evitar improvisações.

1.5 Jogos empresariais (ou *gamification*)

O jogo de tabuleiro WAR, da empresa Grow, foi criado em 1972 por quatro engenheiros da Politécnica da USP, como um jogo de tabuleiro de estratégia para adultos, dada a carência do mercado para esse público.

Rapidamente, o jogo se revelou um sucesso, firmando-se, na década de 1980, como um dos grandes do mercado.

O jogo se compõe de um tabuleiro contendo os seis continentes: Europa, Oceania, Ásia, América do Sul, América do Norte e África. Cada jogador recebe uma carta com determinado objetivo que não pode ser descoberto pelos seus adversários. Quem atingir primeiro o objetivo será o vencedor.

O jogo possibilita várias alternativas com difíceis decisões a serem tomadas. Os jogadores colocam os seus exércitos e atacam adversários para conquistar continentes conforme a carta objetivo. O jogo é regido por complexas estratégias e pela sorte nos dados, ainda que a inteligência prevaleça.

O jogo WAR, tanto físico como *on-line*, trabalha várias situações que podem ser transferidas para a empresa.

Nos jogos empresariais (ou *gamification*, termo em inglês que se refere à utilização de jogos em atividades que não sejam de entretenimento), são utilizados os mecanismos de jogos para resolver problemas, pensar estrategicamente, motivar pessoas, despertar o engajamento e outros temas ligados às empresas.

Os jogos empresariais também são conhecidos como jogos de empresas ou simuladores, por apresentarem situações e contextos próximos à realidade empresarial. São aplicados, principalmente, na seleção, no *onboarding* e no treinamento de pessoas.

EXEMPLO

A L'Oréal, empresa multinacional francesa de cosméticos, utiliza os jogos corporativos há mais de uma década. Todo ano, a empresa seleciona uma de suas marcas que será o objeto de um campeonato. Os candidatos devem desenvolver um produto inédito, dentro da linha que a companhia já possui, para um público-alvo específico.

https://uqr.to/i5g3

Durante o processo seletivo, os candidatos precisam se comportar como se fossem os gestores de uma marca. Ou seja, eles não só desenvolvem o produto, como também fazem pesquisas, e, com base nelas, direcionam o planejamento de marketing e divulgação. A equipe vencedora conquista prêmios e participa de uma nova etapa em nível internacional. Contudo, o objetivo do jogo não é o projeto, mas os candidatos, que são analisados e os que demonstram melhor desempenho são contratados pela empresa.

Exemplo disponível em: "Games no recrutamento e na seleção".
Fonte: https://www.mtitecnologia.com.br/games-no-recrutamento-e-selecao/. Acesso em: 23 dez. 2019.

1.5.1 Características de um jogo

O jogo tem como características:

- **Meta definida:** o candidato tem que atingir os propósitos designados. Pode-se alcançar determinado objetivo, como a resolução de um problema, a conclusão de todos os desafios propostos, vencer o adversário, entre outros.
- **Regras:** define as ações do jogador para o cumprimento dos desafios propostos pelo jogo.
- **Sistema de *feedback*:** mantém os jogadores informados sobre o seu progresso e as metas. Constitui uma das principais motivações para os candidatos continuarem jogando.
- **Aceitação:** de todas as condições descritas.

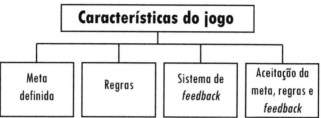

Figura 5.2 Características do jogo

LINK

Leia a reportagem: "Conseguir um emprego jogando. Gamificação: recrutadores adotam processo seletivo baseado em jogos; conheça". O artigo aborda as práticas em empresas como Gerdau e Nestlé

Fonte: https://www.infomoney.com.br/carreira/gamificacao-recrutadores-adotam-processo-seletivo-baseado-em-jogos-conheca/. Acesso em: 23 dez. 2019.

Um mesmo jogo pode ter diferentes níveis de dificuldade. Para ser motivador a ponto de o candidato cumprir todas as etapas e sentir-se constantemente estimulado, o jogo deve apresentar um nível de dificuldade compatível com a capacidade do candidato.

Porém, o selecionador pode usar o nível do jogo para verificar como o candidato se comporta perante as dificuldades de cumprir determinadas etapas, se persiste ou desiste, entre outros fatores.

1.5.2 Tipos de jogadores

Medina (2014, p. 33-35) apresenta quatro tipos de jogadores que podem ser averiguados durante o processo seletivo e trazer mais informações sobre os candidatos. São eles:

- **Predadores (*Killers*):** podem ser comparados a aqueles candidatos que entram na competição motivados por derrotar o adversário. Possuem um perfil altamente competitivo, adotam comportamento agressivo e buscam a todo o custo assegurar a condição de liderança. Prejudicam outros candidatos caso tentem atrapalhar os seus objetivos.
- **Realizadores (*Achievers*):** são aqueles candidatos que, embora apreciem a vitória, sua motivação consiste em fazer todas as atividades que o jogo apresenta, mesmo que a vitória já tenha sido conquistada por outro candidato.

- **Exploradores** (*Explorers*): são aqueles candidatos interessados em desvendar todas as possibilidades e os porquês do jogo. Valorizam o conhecimento. Para eles, o mais importante é a trajetória e não a conquista.
- **Socializadores** (*Socializers*): são aqueles que veem nos jogos uma oportunidade de interação com outras pessoas. Mais importante do que atingir os objetivos propostos é a ocasião do jogo em si e seu potencial de estimular vínculos sociais. Preferem jogos cooperativos que demandam trabalho conjunto e evidenciam personalidades colaborativas.

Figura 5.3 Tipos de jogadores

1.5.3 Meios de aplicar os jogos

Os jogos podem ser:

- **Físicos:** aplicados presencialmente, sendo os mais utilizados os jogos de tabuleiro.

- **On-line:** o candidato jogará pela internet com os outros candidatos. Há versões disponíveis para várias mídias.

1.5.4 Tipos de jogos

Gramigna (2006) sugere a seguinte classificação dos jogos empresariais: jogos sistêmicos, funcionais, comportamentais, de processos e de mercado.

Jogos sistêmicos

São jogos que abordam a empresa como um todo, incluindo decisões nas principais áreas organizacionais, e que requerem integração dessas funções, tais como o acompanhamento do ambiente econômico e da flutuação da taxa de juros, entre outros que afetam a empresa.

LINKS

Assista ao vídeo: "SDE – Simulação de estratégia empresarial".
Fonte: https://www.youtube.com/watch?v=JFQLOdF3z4A.
Acesso em: 10 dez. 2019.

https://uqr.to/i5g5

Já este vídeo apresenta um jogo *on-line* que permite a análise do ambiente, define a estratégia empresarial, implementa estratégias e políticas, avalia a estratégia executada, desenvolvendo as visões estratégica, competitiva e sistêmica.
Fonte: http://www.ldp.com.br/site/simuladores/7?sigla=SDE.
Acesso em: 10 dez. 2019.

https://uqr.to/i5g7

Jogos funcionais

São os que focalizam a problemática de uma das áreas funcionais da empresa como marketing, finanças, produção, operações, recursos humanos ou contabilidade. Mesmo ocorrendo interferência de outras áreas, o que acontece, o foco da aprendizagem se concentra apenas na área escolhida.

Jogos comportamentais

Muitos selecionadores confundem os jogos comportamentais com as dinâmicas de grupo. As dinâmicas de grupo envolvem habilidades comportamentais voltadas para a cooperação, relacionamento inter e intragrupal, flexibilidade, amabilidade entre outros, enquanto os jogos se referem ao comportamento do candidato em situações estratégicas, como a resolução de um conflito ou a tomada de decisão.

LINK

Um jogo famoso é o "Dilema do prisioneiro", que combina estratégia e tomada de decisão. Leia o artigo "O que é o dilema dos prisioneiros", de Fernando Barrichelo. O artigo explica o jogo e os possíveis resultados, exemplificando como este jogo acontece no cotidiano das empresas.

Fonte: http://estrategiasdedecisao.com/dilema-dos-prisioneiros/. Acesso em: 10 dez. 2019.

https://uqr.to/i5g8

Jogos de processos

São jogos voltados para as habilidades técnicas. Os candidatos passam por processos simulados, e devem elaborar estratégias para cumprir e melhorar todo o processo, tais como organização de processos de produção, negociação, montagem de estratégias para a tomada de decisão, entre outros.

LINK

O tradicional "Jogo da Cerveja" foi desenvolvido pelo Massachusetts Institute of Technology (MIT). É um jogo de processo utilizado, principalmente, em logística e exemplifica a cadeia de suprimentos. Veja a matéria: "Alunos aprendem logística com o Jogo da Cerveja":

Fonte: https://www.poli.usp.br/noticias/2551-alunos-aprendem-sobre-logistica-com-o-jogo-da-cerveja.html. Acesso em: 23 dez. 2019.

https://uqr.to/i5g9

O jogo possui a versão física e *on-line*. Há vários materiais sobre o jogo da cerveja disponíveis na internet.

LINK

Leia a reportagem: "O Jogo da Cerveja ou *Beer Game*: aprenda como utilizar a dinâmica", que explica as regras do jogo e permite o *download* do tabuleiro, da planilha e das regras do jogo:

Fonte: https://simulare.com.br/blog/o-jogo-da-cerveja/. Acesso em: 23 dez. 2019.

https://uqr.to/i5ga

Jogos de mercado

São focados em atividades que reproduzem contextos de mercado, tais como: concorrência, relação entre a empresa e seus fornecedores, pesquisa de mercado, relacionamento fornecedor-consumidor etc.

LINKS

A seguir, *links* de dois jogos de mercado:

1. Veja o jogo de tabuleiro "Renda passiva", um jogo de inteligência financeira. Neste *site*, você encontrará detalhes sobre o jogo, sendo possível fazer o *download* do manual do jogo que explica o seu funcionamento.

   Fonte: https://www.jogorendapassiva.com/. Acesso em: 29 dez. 2019.

https://uqr.to/i5gd

2. Veja como jogar Cashflow assistindo ao vídeo: "Aprenda a ficar rico jogando Cashflow. Jogo criado por Robert Kiyosaki (*Pai rico, Pai pobre*)".

   Fonte: https://www.youtube.com/watch?v=iHk-6IPjY48. Acesso em: 29 dez. 2019.

https://uqr.to/i5ge

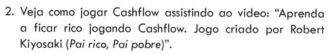

1.5.5 Inovação em jogos

Jogos de aventura, suspense, terror e fuga (escape) são jogos presenciais usados por algumas empresas para a seleção de pessoas. Tais jogos permitem avaliar *soft skills*, como, por exemplo, trabalho em equipe, controle emocional, trabalho sob pressão, raciocínio lógico, liderança, entre outras.

VectorFun | iStockphoto

ESCAPE ROOM

Os jogos de escape fazem uso de salas temáticas em que os candidatos terão 60 minutos para escaparem após desvendarem vários enigmas.

LINKS

1. Assista ao vídeo: "Escape 60 na IstoÉ". O vídeo se refere a uma entrevista com os responsáveis por trazer ao Brasil o primeiro jogo de escape. Durante a entrevista, são apresentadas algumas das salas temáticas em que os jogadores ou candidatos têm 60 minutos para solucionar enigmas e sair da sala.
Fonte: https://www.youtube.com/watch?v=OUU2JRPYO90.
Acesso em: 23 dez. 2019.

https://uqr.to/i5gg

2. Leia a reportagem: "Empresas inovam na hora de selecionar um candidato. Fique por dentro das novidades". A matéria relata a experiência da aplicação de jogos de aventuras, suspense, terror e fuga em processos seletivos.
https://www.em.com.br/app/noticia/emprego/2018/01/08/interna_emprego,929426/empresas-inovam-na-hora-de-selecionar-os-candidatos-saiba-tudo.shtml.
Acesso em: 23 dez. 2019.

https://uqr.to/i5gj

1.6 Exame médico específico

Quando o exame médico faz parte do processo de seleção, é sempre eliminatório, porque se trata de exame específico ligado à função. É o caso dos candidatos a operadores de *telemarketing*, que fazem exames específicos com um otorrino ou fonoaudiólogo, pois, se apresentarem acuidade auditiva inferior ao limite estabelecido pela ocupação, não poderão exercê-la.

Como resultado de todas essas técnicas (etapas), é possível prever (com menor margem de erros) o comportamento e o desempenho do candidato em determinada função. Pode-se verificar se a previsão foi satisfatória, acompanhando-se seu desempenho.

ATENÇÃO!

Reforçando: mesmo que a seleção seja pela plataforma, o selecionador tem que conhecer as técnicas e os instrumentos de seleção para saber analisar e avaliar a escolha feita pela plataforma.

Cabe observar que quem faz a seleção é a empresa, mas o candidato também escolhe a empresa. O contrato é uma espécie de casamento à medida que depende da vontade dos dois.

2. AVALIAÇÃO E ESCOLHA DO CANDIDATO QUE OCUPARÁ O CARGO

O selecionador ou a plataforma escolhe os candidatos mais adequados à vaga (aqueles que apresentamas *skills* para o cargo) – em média, de três a cinco deles –, e os envia ao requisitante do cargo, que, na maioria das vezes, é quem fará a escolha.

Por se tratar de um processo de comparação e escolha, para a decisão final os resultados obtidos no processo devem ser comparados entre os candidatos e as *skills* exigidas pelo cargo.

2.1 Comparação entre os candidatos

Para facilitar a avaliação, o selecionador pode elaborar uma tabela simples, definindo uma pontuação em uma escala de zero a dez para cada competência, de cada candidato, sendo as pontuações abaixo de quatro entendidas como não demonstração da competência necessária ao cargo; de quatro a seis, o candidato demonstra competência suficiente para o cargo; e acima de seis, a competência se apresenta em grande escala para o cargo.

O Quadro 5.2 apresenta um modelo simples que pode ser usado na avaliação geral dos candidatos.

Na primeira coluna, são listadas as competências necessárias para o cargo e, nas demais, os candidatos. Nas linhas, as pontuações dos candidatos em cada competência e, ao final, a pontuação total de cada candidato.

Como a tomada de decisão de quem será o escolhido, na maioria das vezes, é feita pelo solicitante do cargo, o parecer final do processo seletivo será encaminhado

QUADRO 5.2 Comparação entre os candidatos

Competências	Candidato 1	Candidato 2	Candidato 3	Candidato 4	Candidato 5
Liderança					
Criatividade					
Inovação					
Trabalho em Equipe					
Atualização					
Solução de Conflitos					
Conhecimentos Técnicos					
Idiomas					
Pontuação					

acompanhado pela tabela de resultados (conforme aqui sugerido, ou outra que o leitor poderá elaborar) com um laudo redigido em linguagem acessível ao requisitante, para que este faça a escolha com base nos resultados do processo.

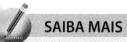

SAIBA MAIS

É importante observar a importância do selecionador na compreensão de como se dá a comparação entre os candidatos e os dados que fazem parte do laudo, para que possa avaliá-los na seleção presencial ou *on-line*.

2.2 Elaboração do laudo

O laudo refere-se a um relatório emitido após a análise de um conjunto de dados e, no caso de laudos de seleção de pessoas, depois da análise de cada candidato em todas as etapas pelas quais ele passou durante o processo de seleção e a conclusão das competências do candidato para o cargo.

O Quadro 5.3 sugere um dos vários modelos de laudos.

QUADRO 5.3 Laudo de avaliação de candidato

LAUDO DE AVALIAÇÃO DE CANDIDATO
Candidato:_____Cargo:_____   Idade:_____Estado civil:_____   Escolaridade:_____
Experiência profissional: neste tópico, devem ser apontados os dados relevantes do perfil do cargo no que se refere às habilidades do candidato. Exemplo: experiência de 5 anos na área administrativa, apoiando o departamento administrativo em suas rotinas, iniciou como auxiliar administrativo, e após 2 anos passou para assistente administrativo exercendo a função por 3 anos.
Competências comportamentais: neste tópico, devem ser abordadas as competências comportamentais mapeadas para o cargo. Exemplo: Maria demonstra ser determinada, traça suas metas e objetivos, buscando meios para realizá-los. É perseverante, não desiste frente aos obstáculos. Apresenta facilidade em se relacionar e obedecer regras. Revela ser uma pessoa otimista e contagiante. Demonstra ser ética no ambiente de trabalho. Sua formação educacional demonstra estar aberta para novas aprendizagens.
Comparação do candidato em relação aos demais candidatos: neste quadro, coloca-se a pontuação de todos os candidatos para que o gestor possa ver a posição de cada um.

Competências	Maria	Candidato 2	Candidato 3	Candidato 4	Candidato 5
Conhecimentos técnicos					
Liderança					
Criatividade					
Inovação					
Atualização					
Trabalho em equipe					
Solução de conflitos					
Total de pontos					

Observações: neste tópico, colocam-se observações que podem ser relevantes, tais como: se foi indicada e por quem, se tem disponibilidade para horas extras esporádicas aos sábados (se for necessário ao cargo), se faz algum trabalho voluntário e outros.

Data:_____/_____/_____

_____
(Nome e assinatura de quem elaborou o laudo)

O selecionador deve fazer um trabalho em conjunto com o departamento de treinamento para orientar as chefias em relação às escolhas, como entrevistar o candidato e o que observar em seu comportamento. Também deve orientá-los quanto aos preconceitos, como eliminar do processo seletivo um candidato com base em sua raça, religião, orientação sexual, condição econômica etc.

Para muitas empresas, o processo seletivo não termina com as provas de seleção, mas estende-se ao período de experiência, em que se pode averiguar o desempenho do candidato.

3. SELEÇÃO DE PESSOAS COM DEFICIÊNCIA[10] (PcD)

O primeiro passo para a seleção de pessoas com deficiência é conhecer o cargo e suas atribuições, averiguando se a deficiência apresentada pelo candidato se ajusta ao cargo. Não é raro encontrar pessoas contratadas que apresentam dificuldade nas atribuições do cargo pela falta de conhecimento do selecionador da deficiência apresentada.

EXEMPLO

Natália é portadora de uma deficiência que a impede de movimentar os dedos. Foi contratada por uma rede de supermercados para trocar as etiquetas de preços nas canaletas das prateleiras. A sua dificuldade acabava gerando uma grande ansiedade ao executar a tarefa. Não passou de um mês na empresa.

O segundo passo é averiguar se a empresa possui instalações adequadas para recebê-los.

EXEMPLO

Romero, cadeirante, foi contratado por uma empresa que não tinha banheiros adaptados e, pior ainda, sem rampa ou elevador para ir do térreo, onde trabalhava, para o segundo andar, onde era o refeitório.

Um detalhe que deve ser levado em consideração é o fato de que a empresa não deve contratar um único tipo de deficiente, como só contratar deficientes visuais, por ser considerada prática discriminatória.

---

[10] Embora popularizado o termo *Portadores de necessidades especiais (PNE)*, o então Ministério do Trabalho e Emprego (MTE) sugeriu a expressão *Pessoas com deficiência*, conforme o texto: "A expressão 'pessoa com necessidades especiais' é um gênero que contém as pessoas com deficiência, mas também acolhe os idosos, as gestantes, enfim, qualquer situação que implique tratamento diferenciado. Igualmente se abandona a expressão 'pessoa portadora de deficiência' com uma concordância em nível internacional, visto que as deficiências não se portam, estão com a pessoa ou na pessoa, o que tem sido motivo para que se use, mais recentemente, conforme se fez ao longo de todo este texto, a forma 'pessoa com deficiência'".

As provas e a entrevista devem ser montadas de acordo com o cargo, seguindo as mesmas regras da seleção em geral.

Para que a seleção traga resultados satisfatórios, será necessário que o selecionador trabalhe em conjunto com o setor de treinamento para orientar os colaboradores da empresa quanto ao conhecimento da deficiência do futuro colega de trabalho e aceitação dele como pessoa, além de fazer uma programação de *onboarding* (ver Capítulo 7) para o engajamento da equipe com o colaborador portador de deficiência. Os selecionadores também devem averiguar se há necessidade de treinar a pessoa com deficiência, pois muitas escolas que deveriam prepará-las para o mercado de trabalho não o fazem.

EXEMPLO

Um caso típico da falta de conhecimento da equipe sobre a deficiência do novo membro da equipe e a falta de um programa de *onboarding* adequado é o de Marcela, portadora da Síndrome de Down. Contratada pelo "Supermercado Diversidade" para reposição de mercadorias em suas gôndolas, tinha notória habilidade em executar a tarefa. Porém, começaram os problemas de relacionamentos. Todas as vezes que Marcela via um colega de trabalho desobedecendo a uma regra, o delatava. Se a regra era não poder comer durante o expediente e Marcela via algum colega comendo, imediatamente comunicava à chefia. É característica dos portadores dessa síndrome seguirem rigorosamente as regras; Marcela não delatava para prejudicar, mas sim porque cumpre a regra. Porém, os colegas a viam como verdadeira delatora.

4. SELEÇÃO DE TRABALHADORES REMOTOS (OU TELETRABALHADORES)

Trabalhadores remotos são aqueles que não trabalham dentro do ambiente físico da empresa.

O trabalho a distância pode ser realizado na modalidade *home office* (na casa do colaborador) ou na modalidade *virtual office* (o local de trabalho é dissociado de tempo e local específicos). O trabalhador deve portar tecnologias da informação e comunicação, tais como *notebook*, celular, *tablet* e outros) para que possa trabalhar em qualquer lugar, desenvolvendo suas atividades.

Vários fatores têm contribuído para o rápido desenvolvimento dessa modalidade de trabalho, entre eles: o trânsito, a violência urbana, a redução de custos operacionais e, principalmente, o avanço da tecnologia.

O recrutamento dentro dessa modalidade segue as técnicas discutidas no Capítulo 4, acrescentando que há consultorias que atendem especificamente essa modalidade de trabalho. A seleção, também no que diz respeito aos requisitos de formação e experiência do profissional, segue as técnicas descritas neste capítulo, porém, alguns cuidados devem ser tomados pelo selecionador, no que concerne às *soft skills*, que são fundamentais ao trabalhador dessa modalidade. São elas:

- Autodisciplina: o colaborador deve saber a hora em que deve trabalhar e a hora em que deve parar e descansar. Se não for disciplinado, o trabalho pode dominá-lo, levando-o a trabalhar em excesso, ou pode deixar a desejar em suas atribuições.
- Habilidade com as ferramentas da informática ou outras tecnologias necessárias à execução de suas atividades.
- Histórico de comprometimento: tem que ser comprometido com suas obrigações e, embora haja controle, deverá ser capaz de trabalhar sem supervisão ou pressão hierárquica.
- Tem que desejar trabalhar a distância.
- Ter outros tipos de relacionamentos presenciais para não correr o risco de isolamento.
- Tem que saber gerenciar o tempo.
- Tem que ter clareza do limite entre o pessoal e o profissional.

5. SELEÇÃO DE PESSOAS ATRELADA AOS DEMAIS SUBSISTEMAS DE RECURSOS HUMANOS

A seleção de pessoal está atrelada a todos os sistemas de recursos humanos. Quando inadequada, gera prejuízos à organização e prejuízos aos candidatos (financeiro e emocional). São visíveis:

- **Seleção de pessoas e demissão:** uma péssima escolha acarreta custos elevados com verbas rescisórias, além do custo do recrutamento e seleção para repor a vaga que ficou em aberto.
- **Seleção de pessoas e treinamento:** muitas empresas treinam seus novos colaboradores para suas funções. Uma escolha inadequada gera custos desperdiçados em treinamento. Quando o mercado de trabalho apresenta a condição de oferta (mais vagas do que candidatos), este departamento deve estar preparado para treinar os novos colaboradores, já que a maioria deixa a desejar em suas qualificações.
- **Seleção de pessoas e desempenho:** o insucesso no processo de escolha afeta as avaliações de desempenho; a pessoa não atinge o desempenho esperado para o cargo. Afeta a imagem que a pessoa tem de si mesma.
- **Seleção de pessoas e plano de carreira:** o insucesso na seleção de pessoal aponta a não observância dos planos de carreira estabelecidos pela organização.
- **Seleção de pessoas e medicina e segurança no trabalho:** se não for observada no candidato uma predisposição para doenças ocupacionais que ele possui e ele for contratado, a empresa poderá ter que assumir futuramente o afastamento

desse empregado e se envolver em processos trabalhistas. Deverá ser avaliado durante a seleção de pessoal se o candidato tende a cumprir ou não as normas de segurança no trabalho.

A seleção não garante 100% a escolha da pessoa certa, mas, sem dúvida, o uso adequado das técnicas de seleção de pessoas aumenta muito as chances de uma colocação satisfatória.

6. MÉTRICAS DO RECRUTAMENTO E DA SELEÇÃO DE PESSOAS

O objetivo das métricas é fazer com que o R&S atinja um nível de excelência. As métricas indicarão se será necessário manter o processo e apenas atualizá-lo, ou se há necessidade de revê-lo e alterá-lo.

As principais métricas são:

6.1 Custos do recrutamento e da seleção

- Gastos do recrutamento com plataformas de recrutamento, anúncios em redes sociais, portais de vagas, materiais administrativos, com os colaboradores (se o recrutamento for tradicional, as horas trabalhadas no recrutamento + encargos sociais + benefícios), entre outros.
- Gastos da seleção com materiais para a dinâmica, jogos, testes, provas práticas, colaboradores (se a seleção for tradicional, as horas trabalhadas na seleção + encargos sociais + benefícios) entre outros.

6.2 Tempo para contratar

Para calcular o tempo médio para contratar, a fórmula é:

$$\frac{\text{Tempo total gasto para preencher as vagas}}{\text{Número de vagas abertas}}$$

SAIBA MAIS

A empresa deverá ter um índice para comparar, em cada processo seletivo, se o tempo para contratar foi maior ou menor. Se não tiver, basta aplicar a fórmula antes indicada por quatro ou cinco meses e calculara média, que será o seu índice para comparação.

É importante a empresa comparar os seus resultados com os de outras empresas para poder levantar as possíveis causas de dificuldades de contratação, se houver.

6.3 Funil de contratação

Um funil simples compreende:

- Número de candidatos inscritos.
- Porcentagem, em relação aos candidatos inscritos, de candidatos qualificados.
- Porcentagem de finalistas, para tomada de decisão, em relação ao número de candidatos qualificados.
- Número de contratados e a porcentagem em relação ao número de candidatos inscritos.

O funil também pode ser feito em relação a cada etapa do processo seletivo, quantos candidatos são necessários em cada etapa.

LINK

Leia a reportagem: "Funil de recrutamento: como funciona e como calcular". Ela mostra a importância de calcular quantos candidatos você precisa para cada etapa do processo seletivo. Descreve passo a passo como calcular o funil de candidatos. Fonte: https://estagioonline.com/conteudos-exclusivos-rh/funil-de-recrutamento-como-funciona-e-como-calcular. Acesso em: 24 dez. 2019.

https://uqr.to/i5gk

6.4 Porcentagem de vagas fechadas fora do prazo

É importante calcular a porcentagem das vagas fechadas fora do prazo e buscar os motivos pelos quais não foram fechadas no prazo. Os motivos podem ser vários, e o R&S deve elaborar estratégicas para saná-los. O cálculo a ser feito é:

$$\frac{\text{Número de vagas fechadas fora do prazo} \times 100}{\text{Total de vagas}}$$

6.5 *Turnover* (rotatividade) de contratações recentes

Acompanhar o *turnover* das últimas contratações. Se o *turnover* for alto, é importante avaliar os procedimentos de R&S para verificar se ele está próximo da realidade da empresa. O *turnover* aponta a qualidade do processo seletivo.

RESUMO

Esse capítulo abordou as técnicas de seleção iniciando pelos tipos de currículos – simplificado, carta de apresentação ou carta currículo, videocurrículo e portfólio – e como analisá-los.

Em seguida, detalhou as entrevistas, descrevendo a entrevista tradicional, a comportamental, a situacional e a entrevista em grupo. Abordou a aplicação de testes presencial e *on-line*, discorrendo sobre os testes de conhecimentos gerais, conhecimentos específicos, prova prática, testes psicológicos mais utilizados na seleção (DISC, palográfico, Quati e teste de atenção concentrada, obrigatoriamente aplicados por psicólogos), os testes de integridade e as apresentações em PowerPoint (*slides*).

Quanto às dinâmicas de grupo, explicou como prepará-las, aplicá-las e avaliá-las.

Caracterizou os jogos empresariais e abordou os tipos de jogadores, os meios de aplicação dos jogos e os tipos de jogos.

Frisou a importância do exame médico nos processos seletivos.

Com relação a avaliação e escolha do candidato, sugeriu um quadro de comparação entre os candidatos e como elaborar o laudo dos finalistas, lembrando que, quando a seleção é pela plataforma, ela o faz automaticamente.

Abordou a seleção de Pessoas com Deficiências (PcD) e a seleção de trabalhadores remotos (ou teletrabalhadores), além de apontar a seleção de pessoas atreladas aos demais subsistemas de recursos humanos.

O capítulo encerrou com as métricas do recrutamento e da seleção de pessoas.

EXERCÍCIOS DE FIXAÇÃO

1. Você é selecionador da empresa "Conte com a Gente" e fará uma apresentação para a diretoria sobre as plataformas de seleção de pessoas. Descreva sua apresentação.

2. Você entrevistou um candidato a vendedor para trabalhar com você. Quando você o questionou sobre uma situação de conflito com um cliente, ele respondeu: "certa vez um cliente reclamou do produto e ameaçou fazer uma denúncia no Procon. Eu dei um jeito e tudo se resolveu". O que é o CAR? Por que o CAR desse candidato está incompleto? O que você faria para obter o CAR completo e conhecer melhor o perfil do candidato?

3. A gerência de uma equipe de vendas de uma loja de eletrodomésticos está precisando contratar cinco vendedores para a sua equipe. Você fará a seleção dos vendedores. Descreva como será a prova prática para o cargo.

4. Queixas de um candidato: "Em 2006 participei de uma seleção para *trainee*. Acordei cedo, fiz a barba e coloquei um terno. Na sala de dinâmica, eu e outros vinte companheiros de humilhação fomos divididos em grupos para jogar um tipo de amarelinha. Jogávamos o dado gigante e, se acertássemos a pergunta ligada à área a qual estávamos nos candidatando, avançávamos algumas casas. Foi uma das situações mais vexatórias pelas quais passei. Aprovado para a etapa seguinte, desisti da vaga. Foi uma ótima oportunidade para saber que aquela não era a empresa certa para mim. Hoje trabalho na área de investimentos. Para conquistar a vaga, bastaram o meu currículo e uma entrevista com o presidente da empresa". (Extraído da *Revista Veja*, em 07/07/2010, no artigo "O esforço dos malas com alça".)
A técnica utilizada pelo selecionador (Pular Amarelinha) foi adequada? Por quê?

5. Faça uma pesquisa aprofundada dos jogos de suspense e crie um jogo para a seleção de pesquisadores de mercado.

PARTE 4

Temas importantes relacionados ao recrutamento e à seleção de pessoas

CAPÍTULO 6

Perfil do selecionador

Assista ao vídeo da autora sobre este capítulo

https://uqr.to/i5gm

Objetivos do capítulo

- Descrever as principais *hard* e *soft skills* do selecionador.
- Reconhecer a importância do selecionador nos programas de *compliance* da empresa.
- Apontar as armadilhas que envolvem o selecionador.

Contextualização

Morgana, selecionadora da Indústria Alimentícia Prato Saudável, foi demitida em razão da quantidade de candidatos aprovados por ela no processo seletivo que eram admitidos e em pouco tempo pediam demissão por estarem fora do perfil desejado pela empresa. Um levantamento feito pelo RH apontou que Morgana não tinha perfil para selecionar pessoas.

Quais são as *skills* que um selecionador deve possuir? Como deve ser o selecionador? Qual deve ser o seu perfil?

O levantamento das principais *skills* que o selecionador deverá possuir auxilia a responder a esses questionamentos. Também é importante o papel do selecionador nos programas de *compliance* e o conhecimento das armadilhas que envolvem este profissional.

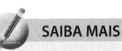

SAIBA MAIS

O conhecimento dos processos, tecnologias e técnicas de recrutamento e seleção de pessoas não é suficiente para garantir o bom trabalho do profissional de recrutamento e seleção.

É necessário que o selecionador tenha habilidades técnicas para compreender, ter clareza e saber lidar com os dados levantados durante o processo seletivo para fechar o perfil do candidato ou compreender a conclusão da seleção feita pela plataforma.

1. PRINCIPAIS *SKILLS* DO SELECIONADOR

1.1 *Hard skills*

Referem-se aos conhecimentos e habilidades técnicas essenciais ao selecionador.

1.1.1 Conhecimentos

O selecionador deve saber:

- Do funcionamento dos departamentos, setores, grupos de projetos e outras organizações do trabalho. Ressalte-se que o R&S são atividades-meio que dão suporte às atividades-fim, pois, sem conhecer como a empresa funciona, fica difícil ajustar o perfil daqueles que devem ser selecionados.
- Dos subsistemas de recursos humanos, pois todos são, direta ou indiretamente, interligados e refletem no R&S (conforme abordado no Capítulo 5).
- Da cultura organizacional e da missão, visão e valores da empresa, para averiguar a compatibilidade do futuro colaborador com a empresa, adicionando esses dados ao perfil desejado do futuro profissional. Esses dados também apontam o quanto o novo colaborador poderá se doar à empresa.
- Do mercado de trabalho, para que possa regular os critérios de seleção.
- Da concorrência, que pode colaborar na seleção de profissionais escassos e auxiliar na identificação de tendências em R&S.

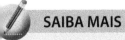

SAIBA MAIS

É importante o selecionador pesquisar constantemente a concorrência para verificar o que ela oferece. Analisando a concorrência, é possível identificar as tendências e como elas impactam o recrutamento e a seleção de pessoas.

- Dos processos e instrumentos utilizados no recrutamento e na seleção, tanto do ponto de vista técnico como legal.

EXEMPLO

Ana Maria era selecionadora de uma empresa de médio porte. Embora não fosse psicóloga, aplicava testes psicológicos. Em um processo seletivo, um candidato ficou insatisfeito com os resultados da seleção e, sabendo que ela não era psicóloga, denunciou a empresa no órgão da classe de psicólogos por ter sido avaliado em testes psicológicos por alguém que não era um profissional da área.

- Do perfil do cargo, visto que sem ele não há matéria-prima básica para a seleção.
- Das principais tecnologias na área de R&S.

ATENÇÃO!

O selecionador deverá conhecer as tecnologias utilizadas na atualidade e ficar atento às tecnologias que vão surgindo, lembrando que o *mindset* digital é imprescindível em qualquer área, o que inclui o R&S.

1.1.2 Habilidades técnicas

O selecionador deve ter habilidade:

- Para descrever o perfil do futuro colaborador e mapear suas *skills* ou alimentar a plataforma para fazê-lo. É necessário saber como é a pessoa adequada ao perfil para, então, poder encontrá-la.
- Para correlacionar o perfil do cargo (que comporta as competências organizacionais, grupais e individuais) com as *skills* dos candidatos.
- Para escolher os instrumentos adequados ao cargo, disponíveis no mercado para o recrutamento e a seleção de pessoas.
- Para elaborar entrevistas, escolher testes, dinâmicas de grupo e/ou jogos.
- De síntese, para elaborar laudos e analítica, e para entender laudos elaborados pelas plataformas de R&S.
- Com as tecnologias de recrutamento e seleção. Ao usar qualquer ferramenta, deverá conhecê-la, avaliá-la criticamente e dominá-la.
- Para comparar os resultados alcançados com outras organizações para identificar as melhores práticas.

1.2 Soft skills

São pertinentes ao selecionador:

- As habilidades interpessoais, para estabelecer uma boa parceria com o requisitante da vaga, acompanhar reuniões e outros momentos que tenham possibilidade de prever e mapear demandas, além da habilidade de se relacionar com os candidatos e demais pessoas envolvidas no processo. Quando o selecionador tem essa competência desenvolvida, consegue fazer o mapeamento antecipado de demandas.
- De comunicação clara com os candidatos e demais pessoas envolvidas no processo.
- Ouvir, em especial, o candidato e o requisitante do cargo.
- Criar ou adaptar práticas e instrumentos conforme as necessidades da organização.
- Experimentar e testar novas práticas.
- Fazer *networking* com outros selecionadores.
- Estar aberto para novos paradigmas.
- Buscar constantemente por atualizações: cursos, leituras específicas, participação em eventos da área etc.
- Ser sigiloso. O selecionador deve ter a clareza do que pode e do que não pode divulgar sobre o que o candidato lhe confiou.
- Ser ético com a profissão, a empresa, os candidatos e demais pessoas envolvidas no processo.

2. PAPEL DO SELECIONADOR NOS PROGRAMAS DE *COMPLIANCE*

Outro tema de grande relevância, na atualidade, é o *compliance*. O termo tem origem na palavra *comply*, que, na tradução do inglês para o português, significa "cumprir".

O *compliance* tem como objetivo prevenir e combater a corrupção. É uma ferramenta de governança corporativa que garante que a empresa cumpra as normas e que ela trabalha ostensivamente em favor da ética, fornecendo uma identidade moral para a empresa e seus públicos de interesse. Em outras palavras, são processos, costumes e leis que vão direcionar a forma como a empresa é administrada, coibindo atos ilícitos ou sem transparência.

Um programa de *compliance* envolve procedimentos internos para a elaboração de normas, fiscalização e incentivo à denúncia de irregularidades, aplicação de código de conduta e outras ações em favor da transparência.

É um processo contínuo para evitar problemas éticos e deve estar presente em todos os departamentos e funções, o que inclui o profissional de recrutamento e seleção.

A seleção de pessoas é a porta de entrada de novos colaboradores da empresa e, portanto, cabe ao selecionador escolher pessoas compatíveis com as normas e procedimentos da empresa que geram ações para um ambiente justo, ético e saudável.

LINK

O profissional de recrutamento e seleção pode fazer muito para evitar problemas éticos em sua profissão. Assista ao vídeo: "RH do Futuro – Parte 1 – Compliance 2019" e entenda como o *compliance* pode auxiliar no recrutamento e na seleção.

Fonte: https://www.youtube.com/watch?v=ivXRGgKXSoU. Acesso em: 21 dez. 2019.

https://uqr.to/i5gn

3. ARMADILHAS QUE ENVOLVEM O SELECIONADOR

As principais armadilhas são detalhes que podem passar despercebidos pelo selecionador e que ele deve se policiar para não cair nelas e fazer uma seleção objetiva que gere bons resultados aos envolvidos.

- **Subjetividade:** quando o selecionador optar pelo candidato com quem simpatizou e não por aquele que de fato preenche as necessidades da vaga. Quanto mais objetivas forem as técnicas e os recursos utilizados pelo selecionador que sejam compatíveis com o cargo, maior objetividade terão suas escolhas.
- **Efeito halo:** é uma falha de percepção provocada pelo fato de o selecionador se apegar a uma característica do candidato neutralizando as demais. Geralmente, o efeito halo ocorre em decorrência das opiniões, crenças e valores do selecionador.

LINK

Para compreender melhor o efeito halo, assista ao vídeo: "As aparências enganam: efeito halo".

Fonte: https://www.youtube.com/watch?v=mGvyDzVobS0. Acesso em: 21 dez. 2019.

https://uqr.to/i5gp

EXEMPLO

Homero desprezou um candidato simplesmente porque ele usava brinco, que ele pessoalmente tanto abomina, mas que para a empresa e o requisitante do cargo não passa de um detalhe sem importância. Ao se apegar ao brinco para avaliar o candidato, o selecionador desprezou o fato de o candidato apresentar excelentes competências para o cargo.

- **Confundir o melhor candidato com o candidato mais qualificado para o cargo:** nem sempre o melhor candidato é o mais qualificado. Um candidato pode ter um excelente discurso, mas não ter habilidades e atitudes que o qualificam para o cargo. Definir as *skills* necessárias para a execução do cargo ajuda o selecionador a escolher o candidato que de fato está qualificado para tal.
- **Projetar o que aprecia ou o que detesta em si mesmo no candidato:** a projeção é um mecanismo de defesa em que uma pessoa atribui à outra características que ela não aprecia em si como se fosse característica daquela pessoa, e não dela.

EXEMPLOS

Jaime, selecionador da empresa Campo Forte que fala alto e, inconscientemente, não aprecia esse fato poderá eliminar um candidato que apresente tal característica.

Por outro lado, Sônia, selecionadora da empresa Campo Largo, gesticula bastante com as mãos. É algo que inconscientemente aprecia em si. Poderá optar por escolher um candidato que apresente essa característica.

LINK

Uma interessante contratação influenciada pela projeção é apresentada no filme "O diabo veste Prada".

Assista ao trecho "O diabo veste Prada entrevista final". Observe que Miranda Priestly contrata Andrea depois que ela ia sair, mas voltou dizendo: "Tá, tudo bem, você está certa, eu não vou servir, eu não sou magra, não sou glamorosa e não sei muito sobre moda, mas eu sou esperta e aprendo rápido, trabalho duro e...". É neste momento que Miranda se projeta nela e acaba contratando-a.
Fonte: https://www.youtube.com/watch?v=_8dzriCjeql&t=86s. Acesso em: 28 out. 2019.

https://uqr.to/i5gr

Uma das grandes vantagens de a seleção ser feita por uma plataforma consiste em minimizar as armadilhas que envolvem o selecionador.

RESUMO

Este capítulo descreveu as principais *hard skills*, conhecimentos e habilidades técnicas, bem como as *soft skills*, habilidades comportamentais e atitudes que um selecionador deve possuir.

Abordou a importância do selecionador nos programas de *compliance* das empresas e apontou as principais armadilhas que os selecionadores devem conhecer e se policiar para não cair nelas. São elas: subjetividade, efeito halo, confundir o melhor candidato com o mais qualificado para o cargo e projetar o que aprecia ou detesta em si mesmo no candidato.

EXERCÍCIOS DE FIXAÇÃO

1. O selecionador, desde o início do processo seletivo para a vaga de assistente contábil, se encantou com a candidata Margarida. Ela falava bem, sabia escolher e articular as palavras. Vestia-se bem e se comportava de maneira elegante. Não teve dúvidas ao escolhê-la para o cargo. Depois de uma semana que Margarida ocupava o cargo, o selecionador foi informado de que ela deixava a desejar nos conhecimentos técnicos inerentes ao cargo. Explique em que armadilhas o selecionador caiu.

2. João trabalha no setor de R&S da Betagama havia 15 anos. Utiliza os mesmos processos e instrumentos desde o seu primeiro dia na empresa. Em que *skills* ele está deixando a desejar? Por quê?

3. Veja o vídeo: "RH do Futuro – Parte 1 – Compliance 2019", indicado neste capítulo, e imagine que sua empresa está implantando um programa de *compliance* e pede para que você descreva as regras da seleção de pessoas que vão contribuir para o programa. Quais serão as regras sugeridas por você? Fonte: https://www.youtube.com/watch?v=ivXRGgKXSoU. Acesso em: 21 dez. 2019.

https://uqr.to/i5gn

4. Qual é a diferença entre o melhor candidato e o candidato mais adequado à vaga? Explique.

CAPÍTULO 7

Onboarding

Assista ao vídeo da autora sobre este capítulo

https://uqr.to/i5gt

Objetivos do capítulo

- Definir *onboarding*.
- Abordar o *onboarging* digital.
- Apontar os benefícios do *onboarding*.
- Elaborar o manual do colaborador e a programação do *onboarding*.
- Apontar a importância *do onboarding* como continuidade do processo seletivo.
- Abordar a gameficação no *onboardig*.
- Mostrar as práticas do *onboarding* utilizadas pelas empresas.

Contextualização

Joana, motivada pela aprovação no processo seletivo da empresa Nobre para o cargo de secretária da gerência de vendas, acordou cedo e se preparou para o seu primeiro dia de trabalho.

Chegou à Nobre meia hora antes do seu horário de entrada. Alguns minutos depois, sua nova chefe, Andressa, passou pela recepção e, ao vê-la, pediu para ela entrar e a acompanhou até o departamento de vendas, apontando sua mesa de trabalho. Andressa estava extremamente estressada. Solicitou à Joana que aguardasse em sua mesa até que ela pudesse lhe dar atenção.

Joana sentou-se na cadeira em sua estação de trabalho e ficou sem saber o que fazer. Não sabia se poderia ligar o computador, mexer nos arquivos e armários. Pior, as horas foram passando e Joana precisava ir ao banheiro e nem imaginava onde ele se localizava. Quase cinco horas depois da chegada de Joana, Andressa apareceu dizendo a ela que no setor de vendas a rotina é corrida sempre e que ela deveria ir se acostumando. Ligou o computador, deu a senha a Joana e pediu que ela visse os arquivos e o que havia no armário. Qualquer dúvida, que a procurasse. Passou a ela a digitação de vários contratos padrão, para que fossem feitos com os dados dos compradores e saiu da sala, não retornando até o final do expediente.

Joana estava decepcionada e em dúvida se voltaria no dia seguinte.

O processo seletivo pode ter sido excelente, porém a recepção dada ao novo colaborador deixou a desejar.

1. O QUE É ONBOARDING?

Onboarding é um processo de socialização organizacional, destinado aos novos colaboradores, após serem admitidos pela empresa. O termo, da língua inglesa, significa "embarcar" ou "a bordo", teoricamente é a recepção do novo colaborador assim que ele é admitido na empresa. Possibilita ao colaborador a oportunidade de conhecer a empresa, seus procedimentos, suas dependências físicas (salas, banheiros, refeitório etc.), seus processos e, principalmente, sua cultura organizacional. Também é o momento de o novo colaborador conhecer seus colegas de trabalho, departamentos ou equipes de projetos que vão formar sua rede de trabalho e informações.

O *onboarding* tem como objetivo recepcionar, integrar, adaptar e capacitar os novos colaboradores de acordo com a cultura organizacional da empresa. Indiretamente, trabalha a marca da empresa empregadora.

SAIBA MAIS

Marca empregadora, ou *employer branding*, é o investimento que as empresas fazem na marca da empresa para atrair novos talentos e engajar colaboradores que já estão na organização, com o objetivo de construir boa reputação como marca empregadora, estimulando as pessoas a desejarem trabalhar naquela empresa.

Na atualidade, muitos candidatos, principalmente os talentosos, recorrem a *sites* de empresas, às redes sociais, a referências de colaboradores que trabalham na empresa pesquisada, em *sites* de reclamações e outros de interesse para levantar informações sobre a empresa em que deseja trabalhar, antes de se candidatar a uma vaga.

g-stockstudio | iStockphoto

2. ONBOARDING DIGITAL

Algumas empresas já trabalham o *onboarding* 100% digital. É o caso da Bayer, que envia para a casa do novo colaborador uma caixa de boas-vindas com vídeo, aplicativos de realidade aumentada, além de usar o *e-learning*[1] e o *microlearning*[2] para aprendizagem. Presencialmente, o novo colaborador tem apenas um "padrinho" para tirar dúvidas básicas.

LINK

Veja o projeto: "Prazer em Conhecê-lo" da Bayer.

Fonte: https://institutomicropower.com/destaque-nacional-projeto-prazer-em-conhece-lo-integracao-100-digital-da-bayer/. Acesso em: 1º out. 2019.

https://uqr.to/i5gu

3. PROGRAMAÇÃO DO *ONBOARDING*

Para garantir o sucesso do *onboarding*, o RH deve elaborar, em conjunto com o gestor, uma programação para receber o novo colaborador.

Uma programação básica de *onboarding*:

- Inicia-se no processo seletivo e se estende até três meses após a contratação. O processo seletivo deve deixar claro para o novo candidato a missão, a visão e os valores da empresa, aumentando a probabilidade do candidato se identificar ou não com a empresa. Embora o *onboarding* tenha duração de três meses, o processo de integração deverá ser contínuo.
- O gestor imediato deverá receber o novo membro de sua equipe.
- Alguém da equipe deve ser escolhido para apadrinhá-lo, auxiliando-o no acolhimento, respondendo suas dúvidas e guiando-o.
- Preparação da equipe para receber o novo integrante. É o momento de passar uma boa imagem do colaborador.
- O local de trabalho do novo colaborador deve ser preparado antes de sua chegada, estação de trabalho (ou mesa), cadeira, *notebook* ou *desktop*, impressora etc.
- Surpresas como caixa de presente, *kit* de boas-vindas, agenda ou caderno personalizado, cartões de boas-vindas da equipe, entre outros, motivam o novo colaborador.
- Deve ser estabelecido um cronograma inicial com metas para o novo colaborador ser incentivado para atingi-las.

---

[1] Modalidade de ensino a distância, que possibilita a autoaprendizagem por meio de diversos recursos didáticos atraentes e facilitadores da compreensão dos temas estudados.

[2] Formato de aprendizagem *on-line*, de curta duração (de dois a cinco minutos), de uma única informação.

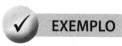

EXEMPLO

A gigante da tecnologia Apple surpreende seus novos funcionários, presenteando-os com um iMac, o computador da marca, que pode ser configurado pelo próprio empregado.

Além disso, a Apple fornece ao colaborador uma camiseta que contém o ano em que ele está iniciando sua carreira na empresa, o que indica o período em que foi contratado.

Fonte: https://www.xerpa.com.br/blog/o-que-e-onboarding/. Acesso em: 3 out. 2019.

https://uqr.to/i5gw

4. MANUAL DO COLABORADOR

Algumas empresas elaboram o Manual do Colaborador, também conhecido como Manual de Integração do Colaborador, que é enviado ao novo colaborador antes do seu primeiro dia de trabalho ou entregue a ele no primeiro dia de trabalho.

O Manual do Colaborador deve conter:

- Mensagem de boas-vindas, dando início ao manual.
- A história da empresa e suas filiais (se tiver).
- A descrição do negócio da empresa.
- A missão, a visão e os valores.
- Normas e procedimentos:
  - Formatação do trabalho: presencial ou remoto.
  - Informações sobre o horário de trabalho: fixo (qual) ou flexível.
  - Períodos de descanso.
  - Dias e formas de pagamento.
  - Regras de utilização do celular e da internet.
  - Procedimentos quanto aos feriados.
  - Férias.
  - Outros.
- Benefícios oferecidos pela empresa:
  - Estacionamento ou transporte.
  - Seguro médico-hospitalar.
  - Seguro de vida.
  - Restaurante no local ou vale refeição.
  - Vale alimentação.
  - Outros.

- Incentivos:
  - Bolsa de estudos.
  - Treinamento e programas de desenvolvimento de pessoal.
  - Participação em eventos especiais.
  - Outros.

5. BENEFÍCIOS DO ONBOARDING

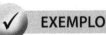

Andréa já tinha sido bem tratada durante o processo seletivo na Job Excelence, empresa em que concorria a uma vaga. Após a admissão, ficou encantada com o tratamento dado a ela pelo seu gestor, colegas de trabalho e a própria empresa.

Quando chegou, em seu primeiro dia de trabalho, foi recebida pelo seu gestor, que lhe entregou uma carta de "boas-vindas" em nome da empresa e lhe apresentou toda a equipe. Ele a levou para a sua estação de trabalho, onde Andréa encontrou bilhetes de todos os membros da equipe lhe desejando boas-vindas e sucesso na empresa. Nomeou um membro da equipe para que lhe mostrasse todas as dependências da empresa. Em seguida, foi encaminhada ao RH, que percorreu com ela vários setores da empresa, apresentando suas equipes. Andréa entrou em contato com a missão, a visão e os valores da empresa e se viu compatível com eles.

O tratamento recebido se estendeu aos dias subsequentes, onde aos poucos foi recebendo informações sobre o seu trabalho, a equipe e a empresa.

Passados dois anos na Job Excelence, Andréa continuava motivada, engajada com a equipe e comprometida com a empresa. Achava que a empresa ideal era só em teoria, porém sentia na prática a sua existência. Dava o melhor de si pela empresa.

Os principais benefícios trazidos pelo *onboarding* são:

- **Motivação do colaborador:** pela história de Andréa, podemos observar a contribuição do *onboarding* na sua autoestima. Após dois anos de empresa, ela continua motivada. Colaborador motivado produz mais e melhor.
- **Integração com a equipe:** a recepção dada pela equipe ao receber Andréa facilitou a sua integração. É importante salientar que a equipe deve estar preparada para receber o novo colaborador.
- **Treinamento e integração ao mesmo tempo:** o *onboarding* segue junto com o treinamento que, em geral, é dado para o colaborador, porém vai além do treinamento, trabalhando a integração do novo colaborador, beneficiando a equipe e a empresa.
- **Retenção de talentos:** motivadas, as pessoas permanecem na empresa.

- **Diminuição do *turnover*:** se as pessoas permanecem na empresa, automaticamente a rotatividade diminui.

Figura 7.1 Benefícios do onboarding

6. GAMEFICAÇÃO NO *ONBOARDING*

Uma forma de otimizar ou até mesmo complementar a integração do novo colaborador pode ser por meio da gameficação. Existem no mercado empresas que oferecem jogos para o *onboarding*.

Flávio Yoshimura desenvolveu jogos interessantes para a disseminação da cultura da empresa, chamados Diálogo Ilustrado®. São jogos presenciais, com imagens e símbolos de fácil compreensão, duração em média de 3 a 4 horas e presença de cinco ingredientes que facilitam a disseminação da cultura das empresas. São eles:

• **Metáforas**

Este elemento é utilizado no jogo para mostrar como a empresa funciona, seus valores e comportamentos que fazem parte da cultura da empresa. Um exemplo de Diálogo Ilustrado® feito para uma empresa do segmento de logística chama-se GPS. Nele, cada parte de um caminhão representa um aspecto da cultura da empresa: a cabine — a estratégia; o motor — a missão; o farol — a visão; e na carga do caminhão — os três principais valores da empresa.

• **Visão sistêmica**

Outro exemplo de Diálogo Ilustrado® é "Mundo de Oportunidades", feito para uma empresa de bens de consumo. O elemento de visão sistêmica permite mostrar a cadeia completa, desde a produção até a entrega do produto ao consumidor e ao mercado, levando o participante a pensar na empresa como um todo.

• *Storytelling*

São as histórias que vão sendo contadas à medida que os participantes vão descobrindo a metáfora do jogo.

• **Enigmas**

Em outro Diálogo Ilustrado®, por exemplo, o principal desafio é abrir dois cofres que representam o último ciclo estratégico da empresa. O elemento de enigma estimula a participação dos jogadores, que, à medida que desvendam mistérios, descobrem mais informações sobre a empresa.

- **Diversão**

  O elemento diversão é indispensável. Os jogos são divertidos, facilmente memorizados e levam os participantes a se abrirem para a experiência e a trabalharem em equipe, ajudando-os a se engajarem com a empresa e a equipe de trabalho.

RESUMO

Este capítulo definiu o *onboarding* como um processo de socialização organizacional, destinado aos novos colaboradores, abordou e exemplificou o *onboarding* digital, apontou os seus principais benefícios, explicou e descreveu os principais itens para a elaboração de um Manual do Colaborador e da "Programação do *onboarding*".

O capítulo foi finalizado com a otimização do *onboarding* por meio da gameficação.

EXERCÍCIOS DE FIXAÇÃO

1. Construir um Manual do Colaborador coletando dados com um colega, solicitando a ele que descreva como é a empresa em que ele trabalha. Por meio da descrição do colega, montar o manual.

2. Com a mesma coleta de dados, elabore uma programação de *onboarding* para a empresa do colega.

3. Pesquise um jogo de *onboarding* para integrar o novo colaborador com a sua nova equipe.

4. O *onboarding* se inicia na seleção de pessoal. Como ele é utilizado na seleção de pessoal? Dê um exemplo.

Referências

ALMEIDA, Walnice. *Captação e seleção de talentos*: repensando a teoria e a prática. São Paulo: Atlas, 2004.

ALMEIDA, Walnice. *Captação e seleção de talentos*: com foco em competências. 2. ed. São Paulo: Atlas, 2009. p. 10.

BANOV, Márcia Regina. *Ferramentas da psicologia organizacional*. 2. ed. Suzano: Cenaun, 2004.

BANOV, Márcia Regina. *Mudanças organizacionais*: o perfil da empresa e do colaborador. São Paulo: Atlas, 2013.

BANOV, Márcia Regina. *Psicologia no gerenciamento de pessoas*. 3. ed. São Paulo: Atlas, 2013.

BANOV, Márcia Regina. *Comportamento organizacional*: melhorando o desempenho e o comprometimento no trabalho. São Paulo: Atlas, 2019.

BOHLANDER, George; SNELL, Scott; SHERMAN, Arthur. *Administração de recursos humanos*. São Paulo: Pioneira Thomson Learning, 2003.

CAMARGO, M. *Fundamentos da ética geral e profissional*. Rio de Janeiro: Vozes, 1999.

CARVALHO, Ieda Maria Vecchioni; PASSOS, Antônio Eugênio Mariani; SARAIVA, Suzana Barros Corrêa. *Recrutamento e seleção por competências*. Rio de Janeiro: FGV, 2009.

CHIAVENATO, Idalberto. *Planejamento, recrutamento e seleção de pessoal*. 4. ed. São Paulo: Atlas, 1999.

CHIAVENATO, Idalberto. *Recursos humanos*: o capital humano das organizações. 8. ed. São Paulo: Atlas, 2004.

CHIAVENATO, Idalberto. *Gestão de pessoas*: o novo papel dos recursos humanos nas organizações. 2. ed. Rio de Janeiro: Elsevier, 2004.

COSTA, José Eduardo. Venha fazer parte desta turma. *150 melhores empresas para você trabalhar*. São Paulo: Abril, 2009.

DUTRA, Joel Souza (org.). *Gestão por competências*. São Paulo: Gente, 2001. p. 28.

FIDELIS, Gilson José; BANOV, Márcia Regina. *Gestão de recursos humanos*: tradicional e estratégica. 3. ed. São Paulo: Érica, 2015.

FRITZEN, José Silvino. *Exercícios práticos de dinâmica de grupo*. 10. ed. Petrópolis, RJ: Vozes, 1987.

GRAMIGNA, Maria Rita. *Jogos de empresas*. São Paulo: Makron Books, 2006.

GRIFFIN, Ricky W.; MOORHEAD, Gregory. *Comportamento organizacional*: gestão de pessoas e organizações. São Paulo: Cengage Learning, 2015.

MARRAS, Jean-Pierre. *Administração de recursos humanos*: do operacional ao estratégico. São Paulo: Futura, 2002

MEDINA, Bruno et al. *Gamefication, Inc.*: como reinventar empresas a partir de jogos. 2. ed. Rio de Janeiro: MJV Press, 2014.

MILITÃO, Albigenor; MILITÃO, Rose. *Jogos, dinâmicas e vivências grupais*. Rio de Janeiro: Qualitymark, 2000.

MINICUCCI, A. *Dinâmica de grupo, teorias e sistemas*. São Paulo: Atlas, 1990.

MINISTÉRIO DO TRABALHO E EMPREGO. Lei nº. 8.213, de 24 de julho de 1991, que prevê cotas para pessoas com deficiência. Disponível em: http://www.mte.gov.br/fisca_ trab/inclusao/lei_cotas_2.asp. Acesso em: 11 ago. 2011.

PONTES, Benedito Rodrigues. *Planejamento, recrutamento e seleção de pessoal*. 5. ed. São Paulo: LTr, 2008.

RABAGLIO, Maria Odete. *Seleção por competências*. 5. ed. São Paulo: Educator, 2005.

RANGEL, Alexandre. *O que aprender com os gansos*. 2. ed. São Paulo: Original, 2004.

RIBEIRO, Antonio de Lima. *Gestão de pessoas*. São Paulo: Saraiva, 2008.

ROBBINS, S. P. *Comportamento organizacional*. 9. ed. São Paulo: Prentice-Hall, 2002.

SÁ, Antonio Lopes de. *Ética profissional*. 6. ed. São Paulo: Atlas, 2005.

SEGNINI, Liliana Rolfsen Petrilli. Sobre a identidade do poder nas relações de trabalho. 3. ed. In: FLEURY, Maria Tereza Leme (org.). *Cultura e poder nas organizações*. São Paulo: Atlas, 1992.

SCHWAB, Klaus. *A quarta revolução industrial*. São Paulo: Edipro, 2016.

SILVA, M. L.; NUNES, G. S. *Recrutamento e seleção de pessoal*. São Paulo: Érica, 2002.

SOBRATT. Associação Brasileira de Teletrabalho e Teleatividades. Disponível em: www.sobratt.org.br. Acesso em: 1º mar. 2010.

VÁZQUEZ, Adolfo Sánchez. *Ética*. 24. ed. Rio de Janeiro: Civilização Brasileira, 2003.

Índice Alfabético

A
Abordagem CHA, 31, 32
Ambiente
　físico, 14
　para a entrevista, 81
　remoto, 16
Análise de currículo, 64
Aplicação de testes presenciais e *on-line*, 82
Armadilhas que envolvem o selecionador, 114
Assessorias em R&S, 49
Associações de classe, 56
Atração de talentos, 43
Avaliação do currículo, 71

B
Big data, 4

C
Captação de pessoal, 43
Cargo, 31
Chatbot, 8
Coleta de dados, 44
Competência(s)
　na abordagem do CHA, 32
　organizacionais, 19, 21
　teorias tradicionais, 31
Conhecimento(s), 32
　do selecionador, 111
Consultorias, 49
Cultura organizacional, 13
　no recrutamento e na seleção de pessoas, 19
Currículo
　carta, 68
　cronológico, 66
　funcional, 65
　portfólio, 71
　simplificado, 65
　videocurrículo, 70
Custos do recrutamento e da seleção, 106

D
Deep learning, 7
Demissão, 105
Dinâmicas de grupo, 88, 89

E
Efeito halo, 114
Empresas
　do mesmo segmento, 55
　especializadas em captar estagiários, 51
　jovem aprendiz, 50
　trainees, 52
Entrevista
　comportamental, 77
　em grupo, 80
　presencial e *on-line*, 73
　situacional, 80
　tradicional, 76
Estruturas organizacionais, 17, 18
Exame médico específico, 99
Execução do recrutamento, 44

F
Feiras e eventos, 56
Filosofia da empresa, 13
Fit cultural do candidato, 19
Funil de contratação, 107

G
Gameficação no *onboarding*, 122
Gamification, 92
Gestão de pessoas, 11

H
Habilidade(s), 32
　técnicas do selecionador, 112
Headhunters, 54
Histórico profissional, 72

I
Identificação da empresa, 15
Indicação de colaboradores, 56
Inovação em jogos, 98
Inteligência Artificial (IA), 6

J
Job boards, 48

Jogadores
   exploradores, 95
   predadores, 94
   realizadores, 94
   socializadores, 95
Jogos empresariais, 92, 93
   comportamentais, 97
   de mercado, 98
   de processos, 97
   físicos, 95
   funcionais, 97
   meios de aplicar, 95
   on-line, 96
   sistêmicos, 96

L
Líderes, 16
Linguagem natural, 8
LinkedIn, 53

M
Machine learning, 7
Manual do colaborador, 120
Mapeamento tradicional de competências, 35
Medicina e segurança no trabalho, 105
Metodologia da entrevista, 74
Métricas do recrutamento, 45, 58, 106
Mindset, 23
   digital, 23
Missão, 20
Modalidades da entrevista, 76

N
Networking, 56

O
Onboarding, 117, 118
   benefícios, 121
   digital, 119
Organizações sem fronteiras, 18

P
People analytics, 5
Perfil
   do cargo, 26
   profissional 4.0, 23
Plano de carreira, 105
Plataformas digitais, 3
Portfólio, 71
Processamento da Linguagem Natural (PLN), 8
Programação do *onboarding*, 119
Prova prática, 83

Q
Qualificação profissional, 71

Quantidade de entrevistas, 74
Questionário de avaliação tipológica (Quati), 86

R
Recrutamento
   etapas, 43
   externo, 47, 48
   interno, 46, 47
   misto, 48
Redes sociais, 53
Revolução 4.0, 3

S
Saber, 33, 34
   fazer, 33, 34
   ser, 33, 34
Seleção de pessoas, 3
   com deficiência (PcD), 103
   de trabalhadores remotos, 104
   e demissão, 105
   e desempenho, 105
   e plano de carreira, 105
   e treinamento, 105
Selecionador
   nos programas de *compliance*, 113
   perfil do, 110
Sindicatos, 56
Skills, 37
   do selecionador, 111
   Hard, 37, 111
   Soft, 37, 113
Subsistemas de recursos humanos, 12

T
Técnicas
   de divulgação de vagas, 54
   de seleção, 63
Tecnologias em recrutamento, 3
Teletrabalhadores, 104
Teste(s)
   de atenção concentrada (AC), 86
   de conhecimentos
      específicos, 82
      gerais, 82
   de integridade, 86
   de perfil comportamental (DISC), 84
   palográfico, 85
   psicológicos, 83
Trabalhe conosco, 50
Turnover de contratações recentes, 107

V
Valores, 20
Visão, 20